中华优秀传统文化进课堂

茶文化基础

书香茶韵　立德树人

主编：赵亚龙　陈卫红

西南师范大学出版社
国家一级出版社　全国百佳图书出版单位

图书在版编目（CIP）数据

茶文化基础 / 赵亚龙，陈卫红主编．-- 重庆：西南师范大学出版社，2019.8
ISBN 978-7-5621-9927-4

Ⅰ．①茶… Ⅱ．①赵…②陈… Ⅲ．①茶文化—中国—中小学—教材 Ⅳ．① G634.251

中国版本图书馆 CIP 数据核字（2019）第 163564 号

CHAWENHUA JICHU

主　　编：赵亚龙　陈卫红

责任编辑：唐　倩
责任校对：曾　艳
装帧设计：张　晗　贾梦瑶
排　　版：重庆允在商务信息咨询有限公司
出版发行：西南师范大学出版社
网址：http://www.xscbs.com
地址：重庆市北碚区天生路 2 号
邮编：400715
印　　刷：重庆共创印务有限公司
幅面尺寸：210mm × 285mm
印　　张：6
字　　数：100 千字
版　　次：2019 年 8 月　第 1 版
印　　次：2019 年 8 月　第 1 次印刷
书　　号：ISBN 978-7-5621-9927-4

定　　价：28.00 元

学术顾问： 穆祥桐

主　　编： 赵亚龙　陈卫红

副 主 编： 邹景梅　陈之焱　羊自力　周忠伟　郑　虹

编　　委： 陈　为　吴佳茂　方启芬　黄　辉　蒋　莉
张秀军　付德玉　严永刚　李瑶瑶　胡　杰
谢昌林　李　剑　刘迁德

序

文化自信是一个国家、一个民族发展中更基本、更深沉、更持久的力量。

2013年8月19日，习总书记在全国宣传思想工作会议上指出："宣传阐释中国特色，要讲清楚每个国家和民族的历史传统、文化积淀、基本国情不同，其发展道路必然有着自己的特色；讲清楚中华文化积淀着中华民族最深沉的精神追求，是中华民族生生不息、发展壮大的丰厚滋养；讲清楚中华优秀传统文化是中华民族的突出优势，是我们最深厚的文化软实力；讲清楚中国特色社会主义植根于中华文化沃土、反映中国人民意愿、适应中国和时代发展进步要求，有着深厚历史渊源和广泛现实基础。"

中国茶文化源远流长，博大精深，是中华文化内涵与礼仪相结合的特色传统文化。茶文化包括物质文化、制度文化、行为文化、心态文化，囊括了物质文明和精神文明。北京大学哲学系教授汤一介说过："任何一个有很长历史的民族，其文化都有自己的根基，让儿童从小了解自己民族的文化根基很重要。从小让孩子了解文化根基，他们就会在非常深厚的文化资源里吸取力量。"茶叶"千挑

万选白云间”，在成长过程中吸取天地之精华；在“铜锅焙炒柴火煎”过程中涅槃，终成人间美味。茶叶身上集中体现了中华传统美德，因此茶文化是对学生进行中华优秀传统文化教育的宝贵资源。学校开展茶文化教育，一方面可以增长学生的知识，同时对学生进行劳动教育、审美教育，培养其劳动精神和创新精神。另一方面，传播茶道，发扬茶德，传承优秀文化艺术，发展社会主义先进文化，是贯彻落实党的十九大提出的建设文化强国、培养文化自信的有效举措，能更好构筑中国精神、中国价值、中国力量，为人民提供精神指引。

猫山坐落于重庆市江津区南部山区，属大娄山余脉，横跨李市、嘉平、蔡家三镇，海拔近600米，气候温润宜人。猫山山系土壤的硒含量达到0.47毫克每千克，属高硒地区，所出产的茶叶天然富含硒。嘉平镇政府致力于发展绿色农业，打造绿色生态农业镇。目前，猫山已建成万亩富硒生态茶园，漫山遍野，山岚氤氲，满眼新绿，缕缕清香。猫山茶美名远扬，嘉平“茶叶经济”高质量快速发展，已成为嘉平镇的一道亮丽风景。在地方政府的大力支持下，嘉平学校充分利用得天独厚的优势，大力传承弘扬中国传统茶文化，确立了“书香茶韵，立德树人”的办学理念，开展了茶文化系列教育活动，打造个性化、特色化的学校文化，推动学校内涵发展。学校开发了《茶文化基础》校本教材，开展了知茶、品茶、鉴茶、种茶等系列教育实践活动。以茶修德、以茶启智、以茶健体、以茶育美、以茶促劳，全面推进素质教育，促进学生全面发展，创新落实教育立德树人之根本任务。

穆祥桐

2019.2.22.

* 穆祥桐：原农业部专家组专家、中国农业出版社编审、《中华大典·农业典》主编、南京农业大学人文社会科学学院兼职教授、重庆市江津区决策咨询委员会专家、华侨茶业发展研究基金会顾问。

目录

第一章

茶在身边

中国是茶的故乡，中国人饮茶，传说始于神农时代（距今5000多年前的新石器时代），直到现在，各族同胞还有以茶代礼的风俗。地处重庆市江津区南部山区的猫山海拔近600米，土壤富含微量元素硒，猫山生产制作富硒茶历史悠久。历史上，从清朝康熙四十八年（1709年）到民国二十六年（1937年）是猫山种茶和制茶的兴盛时期。如今的猫山，已建成万亩富硒生态茶园，漫山遍野，山岚氤氲，空气清新，满眼新绿，茶香扑鼻，真乃人间仙境！一片片扁平的、卷曲的、针形的茶叶，通过各种茶事活动，传递着人与人之间的关爱。

加入到爱茶的行列中来吧，你的生活一定会更加丰富多彩！

第一节　茶是故乡浓

江津茶业资源

江津山川秀美，地灵人杰，物产丰富，是聂荣臻元帅的家乡。聂帅曾为家乡挥毫题词“江津是个好地方”！江津被誉为中国长寿之乡之一，是因为其土壤中含有大量的硒元素。人体必需的微量元素“硒”被国内外医药界和营养界称为“生命的火种”，享有“长寿元素”“抗癌之王”“心脏守护神”“天然解毒剂”之美名。

猫山地处江津南部山区，南北长 25.5 千米，横跨江津区李市、嘉平、蔡家三镇，海拔近 600 米，年降雨量 1030 毫米左右，年平均气温 18.4 摄氏度，全年气候温和、四季分明、雨量丰沛、日照充足。独特的地理气候，加之生态环境好，猫山十分适宜于茶树生长，是重庆茶叶最适宜的种植区之一。经中国科学院地球化学研究所检测，猫山土壤含硒量为 0.47 毫克每千克，属高硒地区，所产农作物及茶叶天然富含硒。猫山方圆百里的男女老幼皆喜爱饮茶，种茶成风。目前富硒生态茶叶种植面积达 1.67 万亩，所产茶叶翠绿鲜润、汤清碧绿、滋味回甘，是茶叶中的新宠。

江津区嘉平镇政府坚持生态优先，践行“绿水青山就是金山银山”的发展理念，充分利用富硒资源优势，发展绿色农业，打造绿色生态农业镇。政府充分发挥和依托重庆市欧尔农业开发有限公司的龙头作用，在嘉平镇兴建猫山富硒生态茶叶基地，成立富硒生态茶叶研发中心，引进两条现代化茶叶生产线，生产高品质的绿茶和红茶，让地方茶叶经济提质增效。

猫山兴建的富硒生态茶叶基地和现代化茶叶生产线

猫山漫山遍野的茶树

猫山采茶妇女

猫山采茶节

嘉平镇政府全力推进江津茶旅融合示范基地的建设，依托猫山富硒茶，着力打造茶文化，大力发展休闲农业和乡村旅游，每年三月举办“猫山采茶节”，以采茶比赛、山歌对唱、汉服走秀、歌舞表演、茶艺表演等形式，呈现地方茶文化特色，丰富了乡村文化生活，有效拉动了地方经济发展。

一年一度的猫山采茶节盛况

拓展训练

作为猫山的小主人，你对下边的图片内容熟悉吗？请你给大家说说图片里的事。你对猫山还了解什么？请与大家分享一下吧。

第二节 猫山富硒茶

知识苑

地方茶资源

猫山富硒茶种植与制作历史悠久，传统的种茶、采茶、制茶方法已经融入猫山的每一个家庭。猫山富硒茶具有香高、味浓、耐泡的特点。猫山富硒生态“瓮红”茶，硒含量为 0.26 毫克每千克，属于富硒农产品。

猫山富硒生态茶叶——“猫山鹰舌芽”获得第三届中国茶叶博览会绿茶类斗茶赛金奖，用猫山茶叶制作的“重庆·瓮红”获得第五届中国茶叶博览会全国斗茶赛红茶类金奖。

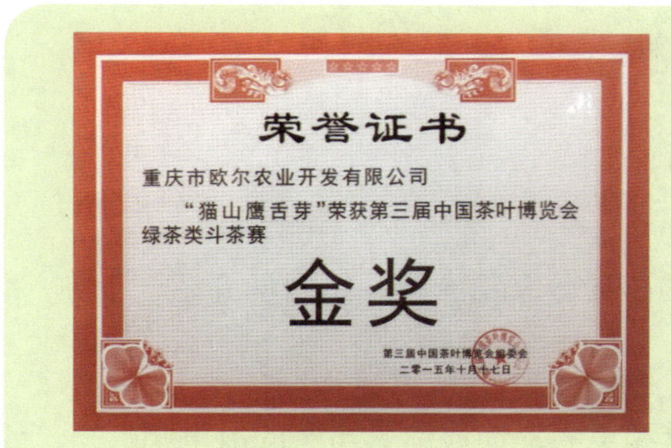

荣誉证书

重庆市欧尔农业开发有限公司

“猫山鹰舌芽”荣获第三届中国茶叶博览会绿茶类斗茶赛

金奖

第三届中国茶叶博览会组委会

二零一五年十月十七日

“猫山鹰舌芽”获中国茶叶博览会绿茶类斗茶赛金奖

荣誉证书

HONORARY CREDENTIAL

重庆市欧尔农业开发有限公司重庆.瓮红

荣获：

第五届中国茶叶博览会全国斗茶赛红茶类

金奖

第五届中国茶叶博览会组委会

2017年10月

“重庆·瓮红”获中国茶叶博览会全国斗茶赛红茶类金奖

猫山鹰舌芽茶

猫山瓮红茶

猫山秀芽茶汤

猫山瓮红茶汤

喝富硒茶的好处

闲暇时候，一家人坐在一起，沏一壶猫山富硒茶，分享一天的收获与快乐，既颐养身心，还可以让时间慢下来，让心静下来。

如果我们长时间上网、看电视、看手机，视力容易下降。喝一杯猫山富硒茶，能补充大量的胡萝卜素，对保护视力有很大帮助！

拓展训练

1. 同学们，请把你参与种茶、制茶的感受分享给大家，给同学介绍一下你见过的猫山好茶。

2. 你是否关注过身边与茶有关的现象和事物？谈谈你家与茶的故事吧！

3. 家里来了客人，你首先用什么来招待？说说理由。

4. 留意身边的人，抓拍他喝茶的精彩瞬间，粘贴到图片栏中，顺便把小档案也填一填，为自己的拍摄留下一点心得吧！

图片栏

小档案

拍摄时间：________________

拍摄地点：________________

拍摄对象：________________

心得：________________

____

____

____

第二章

茶与生活

随着丝绸之路的开启、茶马古道的延伸，茶叶走向世界各地，走进了人们的生活，成为人们生活中不可或缺的一部分。各地区、各民族形成了一些有趣的饮茶习惯，衍生出独特的茶文化，拓展了茶的内涵。

第一节 中国人的茶生活

知识苑

中国人与茶

中国是茶的故乡。中国人饮茶，据说始于神农时代，直到现在，中华民族还有以茶代礼的习俗。中国茶的种植、制作历史悠久，茶的品类繁多，如武夷岩茶、安溪铁观音、祁门红茶、蜀山侠君茶、杭州龙井茶、福建乌龙茶等，中国人民的生活已经深深地与茶联系在一起了。

同学们，让我们一起去祖国各地寻访一下吧，了解各地人们的饮茶习俗，看看茶是如何丰富我们的生活的！

汉族各方饮茶习俗：

北京大碗茶。大碗茶是老北京的特色茶文化之一，大碗茶分为两种：一种是煎茶，就是把茶叶投入开水中，直接煎煮熬制而成；另一种选用特有成茶，将煮好的茶用大碗盛装，碗上再加盖上玻璃以遮挡灰尘，这种大碗茶主要提供给过路口渴的行人解渴饮用。在北方各地的街头巷尾或车船码头，大碗茶摊随处可见、比比皆是。北方人喜欢喝大碗茶，所需的器具简单，只要一张小桌、几条板凳和一叠粗瓷碗就行了。闲暇时间，约上三五好友，到了茶摊，往长条凳上一坐，论时事、谈古今，听听茶馆的小曲，生活无比闲适惬意。当你在匆忙赶路、口干舌燥时，只需花极少的钱，在路旁茶摊上就能买到一碗成茶，一碗下去，无比解渴。

四川盖碗茶。四川盖碗茶在西南地区人们的茶生活中独树一帜，充满了浓郁的地方特色。盖碗茶盛于清代，如今，在四川成都、云南昆明等地，已成为当地茶楼、茶馆等饮茶场所的一种传统饮茶方法。盖碗由三部分茶具组成：上有盖、中有碗、下有托，盖为天、碗为人、托为地。闲暇之余，呼朋引伴，选一家老茶馆喝盖碗茶，在品香茗之余，交流感情或谈生意，还可以欣赏茶馆茶师傅（又称茶博士）的高超技艺：他们手提长嘴水壶，只要顾客招呼一声，立刻隔桌添水，只见一道水柱凌空而降，茶水恰与碗口齐平，碗外、桌上不会滴漏一滴水珠，堪称一门绝技。将品茶与欣赏高超茶艺相结合，其味无穷。

四川盖碗茶

上海阿婆茶。上海阿婆茶是江南地区的一种特别的饮茶习俗，其中最具特色的是青浦古镇的阿婆茶。顾名思义，喝茶的主角是农家妇女和农村阿婆，她们每天你来我往，围坐在一起，泡上茶，桌上摆放一些自制土特产，边喝茶，边聊天，边吃小吃，手里不停地做针线活等，其乐融融。阿婆茶成为青浦人联络感情、消遣娱乐的重要载体。

闽南工夫茶。工夫茶起源于宋代，在福建大部分地区和广东的潮汕地区最为盛行。苏辙有诗曰："闽中茶品天下高，倾身事茶不知劳。"工夫茶的关键在于"工夫"二字，茶具的工艺精致、考究，泡茶、饮茶方法严谨，按照"烫罐入茶，高冲低斟，关公巡城，韩信点兵"程序泡制，饮茶一般为3人。闽南人主要喝铁观音、冻顶乌龙茶、单枞、一枝春、水仙、留香、高山茶等品种的乌龙茶。饮工夫茶要求时间充裕，这体现了一种闲适恬静的生活状态，把品茶发展成了一种高尚的精神追求，丰富了茶文化内涵。

闽南工夫茶

如果茶客讲究，就选用宜兴产的小陶壶，在壶里装入乌龙茶和水，放在火炉上煮，茶煮好后拿起茶壶，在摆成"品"字形的3个白瓷杯上面做圆周运动，依次斟满每一杯，茶客捧起茶杯慢慢品尝。

少数民族饮茶习俗：

中国是一个多民族国家，有55个少数民族。在历史发展进程中，各民族文化相互影响、不断交融，茶早已融入各少数民族人民生活中，演化出具有民族特色的饮茶习俗。同学们，现在就让我们去看看吧！

白族三道茶

白族三道茶。散居在我国西南地区（主要在云南大理白族自治州）的白族人饮茶十分讲究，他们待客的独特礼节是“三道茶”。“三道茶”的特点是“一苦二甜三回味”。据说，这是从白族人家接待女婿的礼节演变而来的。

第一道——清苦之茶，其寓意为“要立业，先要吃苦”。制作时，先将水烧开，待用。再把小砂罐置于文火上烘烤。待罐烤热后，迅速取出适量的茶叶投放到罐内，并不停地转动砂罐，使茶叶均匀受热，待罐内茶叶“啪啪”作响，叶色转为焦黄，散发出类似焦糖的香味时，立即往砂罐中注入沸水。稍过片刻，主人将热腾的茶水倒入客人的茶盅，双手举盅献给客人。因这道茶经烘烤、煮沸而成，其茶色如琥珀色，焦香扑鼻，茶味苦涩，故而谓之苦茶。

第二道——甜茶，其寓意为“只有吃得了苦，才会苦尽甘来”。当客人喝完第一道茶后，主人重新用小砂罐置茶、烤茶、煮茶，并在茶盅内放入少许红糖、乳扇、桂皮等，将煮好的茶汤倒入茶盅，八分满。这道茶喝起来有甜味，故而谓之甜茶。

第三道——回味茶，其寓意为做人做事要多“回味”，谨记凡事皆“先苦后甜”。其煮茶方法与第二道茶相同，只是茶盅中放的辅料改换成适量蜂蜜，再投放炒米花、花椒、核桃仁、姜片、桂皮等，倒茶时通常倒六七分满。这道茶喝起来，甜、苦、麻、辣等味混合在一起，各味俱全，回味无穷。

傣族竹筒香茶。傣族人世代生活在我国云南南部和西南部地区，以西双版纳最为集中。傣族同胞不分男女老少，人人都爱喝竹筒香茶。聪明的傣族人因地制宜，将细嫩的茶叶放入割开的竹筒中烧煮，然后饮用，滋味特别鲜美。

藏族酥油茶。酥油茶是我国西藏的特色饮料。西藏属高寒地带，新鲜的蔬菜瓜果很少，以牧业为主的藏民常年以奶、肉、糌粑为主食，辅之以紧压茶加入盐及酥油打制而成的液体饮料酥油茶。酥油茶多作为主食与糌粑一起食用，喝了御寒、提神醒脑、生津止渴，而且消食去腻、补充营养。

拉祜族烤茶。烤茶是拉祜族古老、传统的饮茶习俗。拉祜族主要分布在云南澜沧、孟连、沧源、耿马、镇沅一带。拉祜族人先把土陶罐放在火塘上烤热，再把茶叶放入

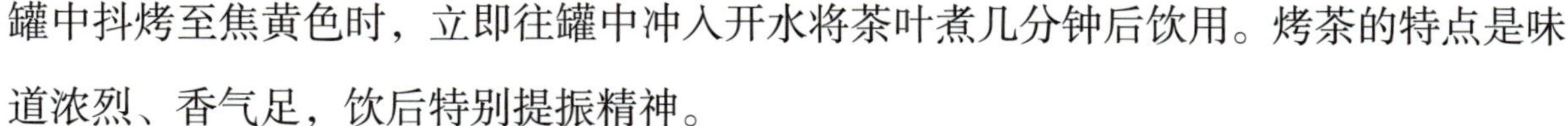

罐中抖烤至焦黄色时，立即往罐中冲入开水将茶叶煮几分钟后饮用。烤茶的特点是味道浓烈、香气足，饮后特别提振精神。

我国其他少数民族饮茶习俗介绍：

蒙古族——咸奶茶

苗族、侗族——油茶

彝族、景颇族——烤茶

傈僳族——雷响茶

布朗族——酸茶、青竹茶

维吾尔族——奶茶、香茶

土家族——擂茶

佤族——铁板烧茶

德昂族——水茶

纳西族——盐巴茶、龙虎斗

拓展训练

1. 同学们，请选择一个少数民族，去试着了解一下他们生活中饮什么茶，以及这种茶的由来，并介绍给大家。

____

____

____

____

2. 在了解了我国少数民族的风土人情和饮茶习俗后，请同学们自己动手冲泡一杯可口的民族茶吧！并说说感想。

____

____

____

____

第二节　外国人的饮茶习惯

茶树原产于中国，中国是最早发现和利用茶树这种植物的国家，并把茶文化发展为影响中国乃至世界的一种物质文化和精神文化。中国茶叶，在唐代传至日本和朝鲜，16世纪后被西方引进。在茶与世界各国家人民生活的融合中，在茶文化的交流互鉴中，茶被赋予了更多的风格、更广的内涵。让我们扬帆远航，去了解一下外国人的饮茶习惯吧！

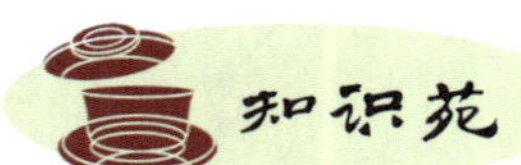
知识苑

外国人的饮茶习惯

泰国冰茶

泰国人的饮茶习惯。泰国人爱吃腌茶和饮冰茶。泰国北部山区气候温暖，雨量充沛，野生茶树多，但由于交通不便，制茶技术落后，当地人就因地制宜制作腌茶，并形成了独特的食腌茶习俗。腌茶追根溯源是从我国云南南部传过去的，一般在雨季腌制。腌茶是一道以茶叶、辣椒、食盐等为主要原料制作的茶菜，所用的主材茶叶是不经加工的鲜茶叶。腌茶吃法奇特，将香料与腌茶充分拌匀以后，送入口中细嚼，味香，口感清凉。此外，因泰国气候炎热，泰国人还爱喝冰茶，在一杯热茶中加入一些小冰块，让茶水迅速降温转至冰凉。饮用冰茶能使人备感凉快、舒适。

摩洛哥人的饮茶习惯。非洲北部的摩洛哥人都爱喝茶，有客来敬茶的礼俗，茶已经深深地融入了摩洛哥人的文化与生活，其喝茶用的茶具均堪称珍贵的艺术品。在节庆日，摩洛哥政府必以甜茶招待外国宾客。酒宴后、饭后，敬奉客人饮用茶叶加白糖熬煮的三道甜茶成为不成文的惯例，以示主人礼数周备。客人在饮三道茶后，口齿甘醇，提神解酒，备感舒爽。

俄罗斯人的饮茶习惯。位于亚欧大陆北部的俄罗斯处于高纬度地带，气候寒冷。俄罗斯人的饮食以奶油、肉类等高脂、高热量食物为主，红茶可以帮助降低血脂、减肥、预防心脑血管硬化，所以俄罗斯人每天要饮用大量的红茶。在他们的生活中，如果有客人来访，主人就会用心地为客人准备红茶。他们出门、回家时，也会随意饮上一杯红茶，暖暖身子。另外，他们在茶中加柠檬片和糖，或加入黑加仑、蓝莓等，制成口感极佳的果味茶。

英国人的饮茶习惯。英国人爱喝茶，有喝早茶和下午茶的习俗。他们起床后喝一杯浓浓的早茶，下午还要吃一顿丰盛的下午茶，茶会上会配置上等的茶品和精致的咸甜点心以及优雅的古典音乐。英国下午茶的由来是晚餐时间一般较晚，中餐与晚餐之间间隔的时间较长，工人体力难支。为补充体力，他们便想出了一个权宜之计，在中餐与晚餐这段时间内，用添加砂糖的奶茶来充饥。在此基础上，贝德芙公爵夫人安娜·玛利亚对下午茶做了改进和发展，她把清淡点心等充实到下午茶中。

了解其他国家的饮茶习惯：

埃及——甜茶　　　　印度——奶茶

德国——花茶　　　　斯里兰卡——浓茶

马来西亚——拉茶　　日本——麦茶

拓展训练

世界各国人民的饮茶习惯是不是很有趣啊？请同学们收集其他国家的饮茶习惯，并和同学合作冲泡一道异域的茶吧，一定很有意思的。让我们一边喝茶，一边把收集到的各国饮茶习惯介绍给大家。比一比，哪个小组收集的信息最多。

____

____

____

____

第三节 茶与养生

养生茶，是根据时令或体质等特殊因素，以茶为主要原料，配合不同食材或药材制作的茶饮品，以饮茶的方式达到养生保健的目的。让我们不管是在温暖的春天、宁静的夏夜、诗意的秋日、飘雪的冬季，都来一杯适合自己的养生茶。

四季茶饮

饮茶讲究四季有别。春季，人体内积存了寒邪之气，饮花茶能促进人体阳气发生，祛除寒邪之气；夏季，天气燥热，饮绿茶可清热、消暑、解毒、止渴、强心；秋季，饮青茶能消除体内的余热，恢复津液；冬季，饮红茶能助消化，补身体，使人体强壮。故有“春饮花茶，夏饮绿茶，秋饮青茶，冬饮红茶”之说。

竹叶青

玫瑰花茶

春季。春天，出游踏青，漫步山间田野，在室外悠然地抿上一口新茶，幸福的感觉油然而生。春季景象温顺，阳气上升，宜选刺激感官、芬芳浓郁的花瓣类茶材，可以帮助散发冬季积存在体内的寒邪之气，生发人体的阳气，养肝利胆、疏通经脉，如玫瑰花茶、茉莉花茶、菊花茶。春天宜饮用清茶，四川名茶“**竹叶青**”是一种清汤绿叶的春茶，它带有竹叶的清香，令人陶醉。陈毅元帅就十分喜欢它独特的形状和香味，将它命名为“竹叶青”。**玫瑰花茶**，饮用玫瑰花茶能活血养颜，改善皮肤干燥的状况。将干玫瑰花瓣 6 至 10 片，放入茶杯中，冲入热水，即可饮用。玫瑰花有一股浓烈的花香，对帮助治疗口臭有显著的效果。此外，饮用玫瑰花茶还有助消化、消脂肪的功效，因此有助于减肥，饭后饮用效果最好。但是玫瑰花茶有收敛的作用，因此便秘者不宜饮用。

夏季。夏天宜养生，要因人而异，饮茶有讲究。燥热体质者，应喝凉性茶；虚寒体质者，应喝温性茶；老年人适合饮用红茶及普洱茶。夏季适宜饮用**陈皮凉茶**，泡制方法是：将陈皮 10 克洗净，撕成小块，放入茶杯中，将开水冲入，盖上杯盖闷 10 分钟左右，然后去渣，放入少量白糖。稍凉后，放入冰箱中冰镇一下口感更好。常饮此茶，既能消暑，又能止咳、化痰、健胃。

陈皮凉茶

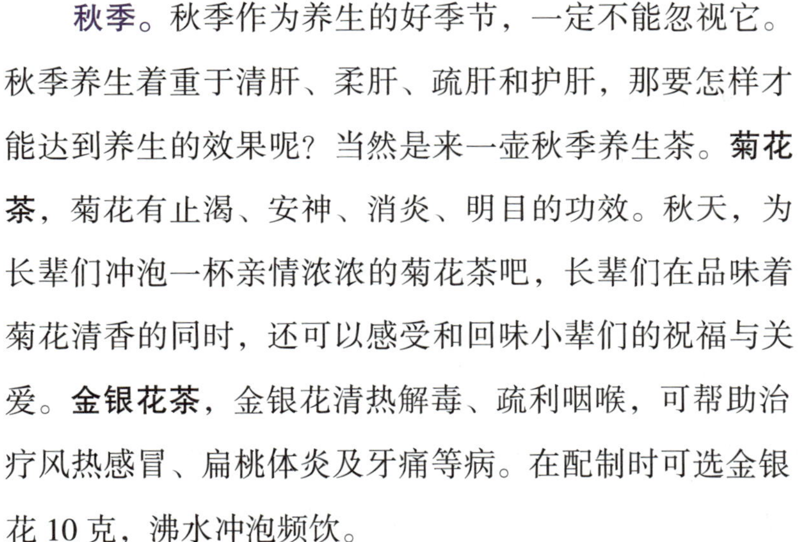

秋季。秋季作为养生的好季节，一定不能忽视它。秋季养生着重于清肝、柔肝、疏肝和护肝，那要怎样才能达到养生的效果呢？当然是来一壶秋季养生茶。**菊花茶**，菊花有止渴、安神、消炎、明目的功效。秋天，为长辈们冲泡一杯亲情浓浓的菊花茶吧，长辈们在品味着菊花清香的同时，还可以感受和回味小辈们的祝福与关爱。**金银花茶**，金银花清热解毒、疏利咽喉，可帮助治疗风热感冒、扁桃体炎及牙痛等病。在配制时可选金银花 10 克，沸水冲泡频饮。

菊花茶

金银花茶

冬季。冬令进补是中国人的传统习惯，其中也蕴含了一定的科学道理。冬季，茶也该换成具有保健作用的“保健茶”了。在这里给大家介绍两种适宜冬季饮用的养生保健茶。一是**八宝茶**，八宝茶的内容丰富、搭配合理，“成员”热闹极了。泡制八宝菜，可以选用有保健功能的桂圆、葡萄干、枸杞、冰糖、西洋参、红枣、山楂、龙井茶等材料；也可以根据个人喜好或实际情况，选用红枣、陈皮、枸杞、桂圆、金银花、山楂、菊花和冰糖等材料。八宝茶喝起来香甜可口，滋味独具，还具备滋阴润肺、清嗓利喉的功效。二是桂花茶，在秋季桂花盛开未谢之时，采集桂花洗净后阴干，密封保存。冬日，在红茶中可加入 7 ~ 10 朵桂花和适量红糖

八宝茶

一起冲泡，一杯美味养生的桂花茶就制成了。常喝桂花茶可以温中散寒、暖胃止痛、化痰散瘀，对食欲不振、痰饮咳喘、痔疮、痢疾有一定疗效。

拓展训练

请同学们去查阅资料或采访身边的老中医，了解一下还有哪些养生茶。再结合你的爷爷奶奶的身体状况，在医生的指导下，为他们泡一杯适合他们的养生茶。

第三章

茶事情韵

在我们身边，越来越多的人爱喝茶饮料，在我们生活中，茶无处不在。今天，让我们一起来看看那些精彩纷呈的茶事活动，欣赏用茶叶制作的精美茶菜、茶点，了解茶的功用吧！

第一节　茶事活动

茶叶，是家庭生活的“密友”，使每一个家庭成员心情舒畅；茶叶，是人际交往的桥梁，连接着每一个社会成员；茶叶，更是和平的使者，增进了世界人民的友谊。今天，让我们走进社会，看看有哪些精彩纷呈的茶事活动吧。

地方茶事节会

猫山采茶节

学生茶艺表演

重庆江津猫山采茶节。第四届猫山采茶节是由重庆市茶叶学会、茶叶商会主办的，江津区农委（区扶贫办）、嘉平镇、李市镇、蔡家镇联合承办的，是江津区乃至重庆地区每年春季社会文化的一大盛事，旨在通过采茶节活动、采茶节文艺表演，推进茶旅融合、精准扶贫事业，大力发展富硒茶叶产业。采茶节在猫山茶叶基地举办，历时一个月，在碧波荡漾的万亩茶园，茶山舞蹈、茶山情歌对唱、茶山旗袍秀、茶博士长嘴壶茶艺表演、创意品茶餐、学生茶艺展示等精彩活动一波接一波。来自四面八方的客人可以上猫山体验采茶、制茶、品茶的乐趣，参加丰富多彩的文化旅游活动。

重庆永川茶文化节。永川茶文化源远流长，相传茶圣陆羽曾到永川箕山游览，对山上遍布的古生茶树赞叹不已；雍正十年（1732 年），清人郑板桥到永川茶山后流连忘返，书写下“扫来竹叶烹茶叶，劈碎松根煮菜根”的茶联。永川的茶馆遍布城镇乡村，“大碗茶”“盖碗茶”构成独特的茶俗文化。“竹海金针”“竹海春绿”等茶叶名品更具茶竹韵味。茶豆花、茶烧排骨、茶酒等茶食品、茶饮料风味独特，深受大众喜爱。2003 年中国·重庆（永川）国际茶文化旅游节在永川举办，将“中国西部茶都”落户永川，并定期举行茶博览交易会，加速了永川茶叶综合性专业市场的建设步伐，为永川茶业向产业化、市场化、规模化方向前进奠定了坚实基础。

永川茶文化节

少儿学习茶艺的益处

早在 1992 年，著名教育家苏步青就提出：“弘扬茶文化得从娃娃抓起。”少儿茶艺是一种具有礼仪性质的艺术活动，它能使孩子在高雅有趣的茶艺活动中受到中国传统文化的熏陶，其好处如下：

1. 培养动手能力，陶冶情操，修身养性。
2. 教育学生热爱劳动、尊重劳动、崇尚劳动。
3. 茶艺以美育人、以文化人，有利于提高学生的审美和人文素养。
4. 培养爱国主义情怀和吃苦耐劳的精神。

你看，我们学校的小茶人在学茶艺、习茶德，将做事与做人有机结合，真是收获颇丰啊！

学采茶

学生参观茶叶生产线

茶艺课

茶艺课

茶艺课

地方茶馆特色

重庆茶馆

重庆茶馆。重庆的茶馆数量多，山路多弯，停脚纳凉，一壶清茶再好不过。不论是街坊邻居，还是游人过客，常聚在方寸的茶馆里，在一壶开水、几片青叶的陪伴下，海阔天空、谈天说地，促进交流，扩大了解。

成都茶馆。史料记载，中国最早的茶馆起源于四川。在成都，闹市有茶楼，陋巷有茶摊，公园有茶座，大学有茶园，处处有茶馆。成都人喝茶讲究舒适、有味。茶馆里还有极具特色的“茶博士”。成都的茶馆数量堪称四川之最、中国之最、世界之最，成都的茶馆也是解读成都的一把钥匙。在成都的茶馆里，认识的不认识的，都坐在一块儿，分享话题，喝完茶离开时，茶钱各付各的。

北京茶馆。茶馆在北京是一种多功能的饮茶场所，充满着中国传统文化的情调，不但数量多，而且种类齐全。除了大茶馆，有每日演出日夜两场评书的“书茶馆”；有卖茶带下棋的“棋茶馆”；有设施简陋，只卖清茶、兼营各种茶点茶食的“清茶馆”，也有专供各行生意人集会的“清茶馆”；有卖茶又卖酒，兼卖花生米、花豆的“茶酒馆”；有在郊外荒村中的“野茶馆”；还有季节性临时茶馆、避难茶馆等。在北京喝茶，耳朵、眼睛有时候比舌头更有福气。喝茶的人谈天说地，天下大事尽在其中。

上海茶馆。上海是近代茶馆的聚集地，旧上海的茶馆，是三教九流聚集的场所。上海茶文化立足于江南茶文化，与商业茶文化、名人茶文化、休闲茶文化、民族茶文化、外来茶文化相结合。上海的茶馆，是今天上海人的一个画像，精致的中式茶点中蕴含着上海人的极致巧思。

香港茶馆。在香港，饮茶风气盛行。人们饮茶时，还会吃点心和聊天。一天中，早茶最热闹。

杭州茶馆。“戏作小诗君一笑，从来佳茗似佳人。”杭州人喝茶不只是满足一种口感，在杭州茶馆里，水是道具。杭州茶馆讲究名茶名水之配，讲究品茗赏景之趣，有一种风雅、诗意的情致。杭州茶馆形成了几种流派，有以茶艺为主的，有专门讲究

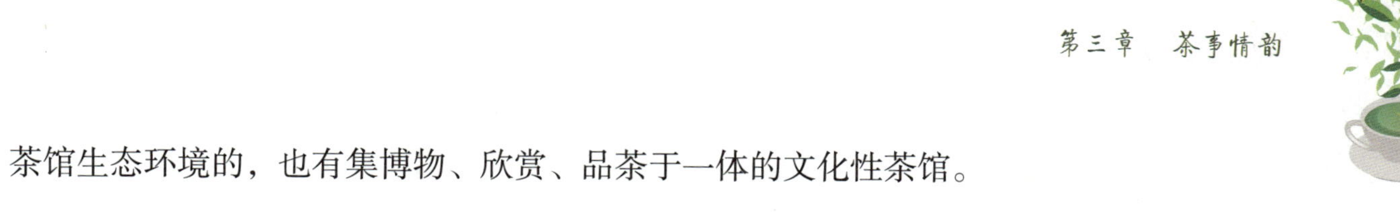

茶馆生态环境的，也有集博物、欣赏、品茶于一体的文化性茶馆。

重庆饮茶文化的传播

寺院是古代饮茶文化的传播渠道之一，重庆也不例外。

奉节的香山寺，是唐、宋、清三代的贡茶产区，周边有上万亩茶园，地跨三县。

开州的大觉寺、长宁寺和龙珠寺，宋、明、清三代均产贡茶。龙珠寺所在的龙珠村几乎全村种茶。

城口的妙香寺，在唐代就有茶树；鸡鸣寺所处的鸡鸣村，明代已遍布茶树。

彭水的云顶寺，推动了唐、宋时期乌、郁两江流域茶业的兴旺。

拓展训练

同学们，你参加过茶文化节吗？请把你参加茶文化节的所见、所闻、所想分享给大家。

第二节　茶的功用

你有没有注意，爸爸妈妈在看书时，手边常常有一杯清茶；爷爷奶奶吃饭后，立刻拿起一杯茶漱口；身边的同学喝茶饮料的也越来越多？

你有没有发现，茶制保健品、茶制日用品越来越多了？

你有没有想过，这是为什么呢？

茶的功效

茶叶

经过现代科学检测，目前探知茶叶中含有机化学成分达四百种，无机矿物元素达四十多种。茶水的功效与作用有：

1. 预防癌症。茶汤中的儿茶酚能够抑制癌细胞的生长，尤其是绿茶中儿茶酚含量比较高。

2. 防辐射。茶汤中的茶多酚、维生素C、维生素E、脂多糖、胡萝卜素等可以吸收一些放射性物质，有效阻止放射性物质侵入骨髓，同时使锶、钴等金属物质随粪便排出体外，保护细胞不受辐射伤害。

3. 抗衰老。茶水中含有的多种抗氧化成分，能够清除过剩自由基，阻止自由基损伤人体细胞，预防衰老。

4. 改善记忆力。瑞士、英国等国的科研机构的研究表明，经常喝绿茶可预防记忆力衰退，促进脑部健康。喝茶还可以预防神经系统疾病，尤其是阿尔茨海默病。

5. 预防蛀牙。茶叶中含有氟，可以增强牙齿的耐酸性，抵抗酸对牙齿的腐蚀。

6. 预防心脑血管疾病。茶叶中含有丰富的多酚类物质，其中的儿茶素能够降低血清总胆固醇，降低血液黏稠度，使血液变清，从而起到预防动脉粥样硬化的作用。茶多酚能够抑制过氧脂质的产生，并消除血管痉挛，保持血管壁的弹性，使血管舒张，让血压下降，有效预防脑中风。

7. 减肥瘦身。喝茶是减肥的助手之一，《本草拾遗》中论述茶“久食令人瘦”。茶叶中的茶多酚和咖啡因能够促进脂肪水解代谢，减少脂肪积累，还可以抑制脂肪和碳水化合物的吸收。

8. 杀菌消炎。我国民间常用浓茶治疗痢疾，或用来涂敷伤口促进愈合。这是因为茶叶的儿茶素能够抑制痢疾，以及伤寒 / 副伤寒杆菌、黄色溶血性葡萄球菌等多种病原菌。此外，茶叶中的茶多酚有明显的收敛作用，对消炎止泻有较好的作用。

9. 除口臭。茶叶中的茶多酚具有预防和杀灭口腔细菌的作用，所以喝茶能够除口臭、清新口气。

同学们，如果你在洗脸、洗发时掺入些茶水，还能起到美容美发的作用哟！

保健茶及其功效

保健茶是指那些以自然无污染的茶为基料，强化某些营养成分，或根据中医理论，加入某些既是食品又是药品的天然食物，或采用经过安全性评价，具有滋补保健功能、特殊疗效的中草药，经制作而成的兼具保健治疗作用的饮料。保健茶因兼顾了茶叶的营养成分、药效成分，具有一定的保健作用。下边给同学们介绍两种常见的保健茶：

银杏茶。此茶含有丰富的黄酮类化合物、蛋白质、银杏酸、维生素和矿物质等，有较强的养生功效。

薄荷茶。此茶可镇静紧张情绪、提神解郁、止咳、缓解感冒头痛、开胃助消化、增强抵抗力。选择薄荷 2 克、茶叶 5 克，沸水冲泡饮用。

银杏茶

薄荷茶

同学们，你们还知道哪些保健茶吗？请你把它写出来。比一比，看谁知道得最多，就能成为本期擂主。

____

____

第三节 闻香食茶

你吃过茶菜、茶点吗？让我们先欣赏一下“茶博士”为我们介绍的精美茶菜、茶点，然后学着制作一下，你一定会体会到其中的乐趣的。

著名茶菜、茶点

用茶叶制成菜肴点心，既清淡爽口，又有降火、去油腻的功效，深受人们喜爱。

茶菜

龙井虾仁

红茶熏鸡

龙井虾仁

主料：虾仁、龙井茶。

配料：油、酒、淀粉、蛋白、盐、笋。

龙井虾仁因选用清明节前后的龙井茶配以虾仁制作而得名，是一道具有浓厚地方风味的杭州名菜。成菜后，虾仁白嫩，茶叶翠绿，色泽淡雅，味美清口。

红茶熏鸡

主料：鸡、祁门红茶。

配料：花椒、盐、八角、糖。

这道徽菜色泽金黄悦目，肉质鲜美，烟熏味中带有祁门红茶之清香，风味别具。

红茶焖鸡翅

主料：鸡翅，红茶少许。

配料：花椒、酱油、黄酒、白砂糖。

菜品口感：鲜嫩，味道浓郁，无腥味。

制作过程：（1）鸡翅解冻后待用；（2）锅内倒入清水，待水烧开后放入红茶熬煮，煮好后倒出一碗茶水待用，锅中放入鸡翅，用中火煮5分钟左右，倒掉茶水（起到去腥味的作用）；（3）在锅内放入适量酱油和白砂糖，在鸡翅上用小刀划一道口子，用小火焖，陆续倒入红茶汁，使其不粘锅，直至鸡翅入味；（4）装盘，用切好的黄瓜做围边。

茶沙拉

主料：土豆、火腿肠、胡萝卜、豌豆。

配料：绿茶粉、沙拉酱、味精、糖、盐、牛奶。

制作过程：（1）土豆、胡萝卜、豌豆煮熟，将火腿肠、土豆、胡萝卜切成丁块，待用；（2）把（1）中食物装入碗中加入沙拉酱、牛奶、糖、味精、少量盐拌均匀；（3）撒上绿茶粉，待吃时拌匀。

茶点

自古以来，我国就有以茶待客的传统。待客时，给客人备上一壶清茶，再端上几盘点心、小吃等，以示显主人的礼数周全。我们把饮茶时提供的分量较小的精雅的食物统称为茶点，茶点是在饮茶的过程中逐渐发展起来的一类点心。茶点的特点是精细美观，口味多样，形小、量少、质优。茶点品种极其丰富，是佐茶食品的主体。客来上茶点既是待客礼仪，又不易“醉茶”（空腹喝茶产生的头晕、恶心、胸闷等症状，称为“醉茶”），还可以更好地衬托茶味。

我国茶点一般分两类，一是广式茶点，以点心为主，茶为辅，在正餐时间食用，主要目的是为果腹。茶点在食用时多需要进行加热，比如烧麦、虾饺、肠粉等。二是潮汕茶点，以茶为主，点心为辅，客人饮茶时，辅助食用。茶点多为成品，食用时不需要进行再加热，比如南糖、绿豆饼等。

抹茶蛋糕

茶制品

1. 和爸爸妈妈一起做茶点。

五香茶叶蛋

主料：鹌鹑蛋（或鸡蛋）500 克，红茶或乌龙茶适量。

配料：桂皮、茴香、八角、白糖、黄酒、味精、酱油、细盐。

制作过程：（1）先将鹌鹑蛋洗净备用；（2）用纱布包好茶叶，同桂皮、茴香、八角一起入锅先煮 10 分钟；（3）投入鹌鹑蛋，加入黄酒、酱油、白糖，用文火煮 15 分钟；（4）捞出蛋，轻轻敲打蛋壳使之裂开，最好用缝衣针刺破蛋的内皮，加入适量的细盐，再用文火煮 1 个小时，加入味精即成。

我的体验

口感：____

____

我们家也有制作茶点的小绝招：________________________

____

____

____

2. 学做小主人。

家中来了长辈或者小伙伴，我为迎接客人的到来，正在设计一席丰富的茶宴（安排有茶、茶点等）。听听我的介绍好吗？

____

____

____

____

我是小主人

接待对象：______________________________________

准备茶式：______________________________________

准备茶菜：______________________________________

准备茶点：______________________________________

第四章

茶香满园

在微带酸性的土壤中，茶的家族成长着，繁衍着，生生不息，真可谓是大自然的造化。

勤劳智慧的中国人将茶叶的自然品质发挥得淋漓尽致，形成了品种各异的茶。

想四季都能喝到茶，就要用科学的方法来储藏茶。

茶渣还有许多妙用，如可以制成茶香袋、茶枕、茶字画等。

第一节 名茶荟萃

知识苑

茶叶发展史

我国是世界上最早发现和利用茶叶的国家，茶如今已成为世界三大无酒精饮料之一。茶不但推进了我国文明的进程，而且极大地丰富了世界人民的物质文化生活。我们的先人为后世留下了众多的茶学典籍，其中问世最早、内容最全面的是唐代被誉为“茶仙”的陆羽所著的《茶经》。

茶叶品类众多、千姿百态，美不胜收。你想知道茶叶的品种有多少吗？让我们一起走进茶的家族，看一看吧！

茶叶的分类

中国茶叶的种类达数千种之多，从工艺制作上分为：绿茶（不发酵）、白茶（轻微发酵）、黄茶（轻发酵）、青茶（乌龙茶，半发酵）、黑茶（后发酵）、红茶（全发酵）。还有再加工茶类：花茶、紧压茶、萃取茶、果味茶、药用保健茶、含茶饮料等。

按我国资深的茶学专家穆祥桐教授的观点，茶叶分类及代表茶如下：

- 中国茶叶
  - 基本茶类
    - 绿茶
      - 炒青绿茶
        - 眉茶（炒青、特珍、珍眉、雨茶、秀眉、贡熙等）
        - 珠茶（珠茶、涌溪火青、泉岗辉白等）
        - 细嫩妙青（龙井、大方、碧螺春、松针等）
      - 烘青绿茶
        - 普通烘青（闽烘青、浙烘青、徽烘青等）
        - 细嫩烘青（黄山毛峰、太平猴魁、华顶云雾等）
      - 晒青绿茶（滇青、川青、陕青等）
      - 蒸青绿茶（煎茶、玉露等）
    - 红茶
      - 小种红茶（正山小种、烟小种等）
      - 工夫红茶（滇红、祁红、川红、闽红等）
      - 红碎茶（叶茶、碎茶、片茶、末茶）
    - 乌龙茶（青茶）
      - 闽北乌龙（武夷岩茶、水仙、大红袍、肉桂等）
      - 闽南乌龙（铁观音、奇兰、水仙、黄金桂等）
      - 广东乌龙（凤凰单枞、凤凰水仙、岭头单枞等）
      - 台湾乌龙（冻顶乌龙、包种、乌龙等）
    - 白茶
      - 白芽茶（银针等）
      - 白叶茶（白牡丹、贡眉等）
    - 黄茶
      - 黄芽茶（君山银针、蒙顶黄芽等）
      - 黄小茶（北港毛尖、沩山毛尖、温州黄汤等）
      - 黄大茶（霍山黄大茶、广东大叶青等）
    - 黑茶
      - 湖南黑茶（安化黑茶等）
      - 湖北老青茶（蒲圻老青茶等）
      - 四川边茶（南路边茶、西路边茶等）
      - 滇桂黑茶（普洱茶、六堡茶等）
  - 再加工茶类
    - 花茶（茉莉花茶、珠兰花茶、玫瑰花茶、桂花茶等）
    - 紧压茶（黑砖、茯砖、方茶、饼茶等）
    - 萃取茶（速溶茶、浓缩茶等）
    - 果味茶（荔枝红茶、柠檬红茶、猕猴桃茶等）
    - 药用保健茶（减肥茶、杜仲茶、甜菊茶等）
    - 含茶饮料（茶可乐、茶汽水等）

茶范例

绿茶

黄山毛峰

产地：安徽省黄山一带

外形：细嫩稍卷曲，芽肥壮、匀齐，有锋毫，形状有点像“雀舌”。叶呈金黄色，色泽嫩绿油润，香气清鲜。叶底芽叶成朵，厚实鲜艳。

品质：汤色清澈、杏黄、明亮，味醇厚、回甘。

黄山毛峰

猫山秀芽

产地：重庆市江津区猫山

外形：秀芽条索紧直细秀，翠绿鲜润 ，一芽一叶，芽叶完整、新鲜、洁净。

品质：汤清碧绿，香气鲜嫩浓郁，滋味鲜醇回甘，叶底嫩绿明亮。

猫山秀芽

猫山鹰舌芽

产地：重庆市江津区猫山

外形：整齐，大小均匀，紧细，微卷，绿中泛黄。

品质：茶汤澄碧、口感醇厚。

猫山鹰舌芽

红茶

猫山瓮红

产地：重庆市江津区猫山

外形：叶色乌黑，条索紧直粗壮，匀齐。

品质：香气馥郁，滋味醇和而甘浓，汤色叶底红艳而明亮。

猫山瓮红

名茶故事

大红袍的由来。大红袍产自福建省武夷山，是我国特种名茶之一。大红袍的外形条索紧结，色泽绿褐鲜润，冲泡后汤色橙黄明亮，叶片红绿相间。大红袍的由来有一个传说。据传，古时有一个穷秀才上京赶考，路过武夷山时，病倒在路上，被好心的

大红袍

天心寺老方丈看见搭救，并泡了一碗茶给他喝，喝了以后，秀才的病就好了。后来秀才参加殿试，中了状元，还被招为驸马。一个春日，状元来到武夷山谢恩，在老方丈的陪同下，到了九龙窠，但见峭壁上长着3株高大的茶树，枝叶繁茂，吐着一簇簇嫩芽，在阳光下闪着紫红色的光泽。老方丈说，每逢春日茶树发芽时，僧人们就爬上绝壁采下茶叶，炒制后收藏，可以治百病。状元听了以后，要求采制一盒进贡皇上。第二天，众人来到茶树下焚香礼拜，然后采下芽叶，精工制作，装入锡盒。状元带着茶进京后，正遇皇后肚疼鼓胀，卧床不起。状元立即把此献给皇后服下，茶到病除。皇上大喜，将一件大红袍交给状元，让他代表自己去武夷山封赏。状元奉旨将皇上赐的大红袍披在茶树上，等掀开大红袍时，3株茶树的芽叶在阳光下闪出红光，众人说这是被大红袍染红的。后来，人们就把这3株茶树叫作“大红袍”，从此大红袍就成了年年岁岁的贡茶。

龙井茶

龙井茶的由来。龙井茶产自浙江省杭州市西湖一带，是中国国家地理标志产品之一，龙井茶的特点是“色绿、香郁、味甘、形美”。龙井茶的由来有一个传说。据传，在西湖龙井村的龙井旁住着一位老妇人，她家的周围有18棵野生茶树，门前的路是附近农民去西湖的必经之路，行人走到这里爱歇歇脚，于是老妇人就在门前摆放了一张桌子、几条板凳，同时就取用野生茶树的茶叶沏上一壶茶，让歇脚的行人享用。日子一长，声名远扬。有一年年关时节，雪下得很大，看到茶树快被冻死了，老妇人忧心忡忡。有一长者见老妇人愁容不展，就问原因，老妇人感慨地说：“眼看着这些茶树快被冻死了，明年无法施茶了。”长者指着旁边上一个破石臼说：“你把此石臼卖与我好吗？”老妇人说：“破石臼本不值钱，你要，只管拿去。”长者掏出10两银子，搬上石臼就不知去向，老妇人只得将钱收下。第二年春天，18棵茶树嫩芽新发，长得比往年好，并且在原来洗臼泼水的地方还长出无数棵茶树，老妇人非常高兴，又继续施起茶来。

拓展训练

同学们，请搜集一下大红袍和龙井茶这两种名茶的图片资料，比一比，看谁搜集得最多最全。

第二节 名茶之形成

中国茶叶历史悠久，有各种各样的品种，万紫千红，竞相争艳，犹如春天的百花园，使万里山河分外妖娆。然而好茶的形成，既是神奇大自然的造化，更归功于人们的制茶技艺。

名茶的形成

洞庭茶山

名山名水出好茶。洞庭碧螺春是我国十大名茶之一，它产自秀美的太湖之滨的洞庭山。洞庭山的东、西两山，种满了各种花果树，茶树就间种在花果树下。一年四季，茶香、果香弥漫，茶树与果树的根系交错，茶吸果香，形成了碧螺春独特的富有茶味果香的特点。

猫山鹰舌芽

江津猫山是重庆最美的地方之一，土壤含硒量较高，比较适宜种植富硒茶叶。猫山鹰舌芽的主产区为重庆市江津区嘉平镇猫山，地处大娄山余脉，海拔近600米，日照适中，云雾氤氲，使得影响茶叶香气和滋味的芳香物质等含量高，具有香高、味浓、耐泡等特点。来自江津猫山的鹰舌芽，富含硒，色绿、香高、味甜、形美，营养价值极高，是人们特别喜欢的绿茶之一。在饮茶的同时，欣赏翠叶碧水，品味鹰舌芽特有的清香，真是一种美的享受。

采制技术精湛。好的茶叶，除了有好的生态环境外，采摘和加工制作也很重要。采摘时有很大的讲究：雨天不能采，有露水的不能采，太阳大不能采，有病虫的不能采。加工制作技术更是精湛，各种名茶都有独特的制作方法，每一种茶都是一件工艺品。在这里，我们一起来了解一下江津猫山鹰舌芽的采摘炒制。

猫山鹰舌芽的采摘特点：一是早，二是嫩，三是勤。芽叶鲜嫩，含有丰富的氨基酸、儿茶素、维生素和叶绿素。

茶的炒制手法有抖、搭、搨、甩、捺、抓、推、扣、磨、压，号称“十大手法”。变换不同的炒制手法，才能保持茶叶的颜色、香味和美观，使每片茶叶都能达到“直、平、扁、光”，堪称特种“工艺茶”。

拓展训练

1. 我国是出产名茶之国，请你查查，列举出我国有哪些地方分别出产了哪些名茶。

____

____

____

____

2. 我们知道中国有十大名茶，有哪十种呢？我们一起讨论，比一比，谁的知识最丰富。

__________茶，产地__________

__________茶，产地__________

__________茶，产地__________

__________茶，产地__________

__________茶，产地__________

__________茶，产地__________

__________茶，产地__________

__________茶，产地__________

__________茶，产地__________

__________茶，产地__________

第三节　茶叶储藏

如果你想随时喝到新鲜的茶水，让茶叶在保存期间尽量保持原有的形状和味道，就一定要掌握科学的储藏方法。

茶叶的储藏

储藏茶叶有三大禁忌：一是茶叶含水量不能太大，二是茶叶不能与异味接触，三要防止茶叶被挤压。家庭少量用茶，一般推荐用铁制茶罐、锡瓶、有色玻璃瓶及陶瓷器皿等储藏，其中双层盖的铁制茶罐和长颈锡瓶最好。用容器装茶叶时一定要注意容器是否密闭，茶叶装得是否实满。下面我们再来介绍几种简单的储存方法：

用坛储藏：其中需要注意的是必须保持坛干燥，最好不要混藏，也就是不同种类的茶叶不要储藏在一起，以免串味。

储藏罐

用罐储藏：需要提醒的是，罐子最好是双层的，这样储藏效果会更好，一定要放在阴凉处，避免潮湿和阳光直射。如果罐装茶叶暂时不使用，要做好防潮工作。

用袋储藏：用袋储藏是最简便的一种储藏方法。但要注意两点：一是茶叶本身干燥，二是要选择好包装材料。

拓展训练

1. 了解茶叶的储藏方法后，你觉得家里的茶叶储藏合理吗？为什么？

____

____

____

2. 目前茶农们通常用哪种传统的方法来储藏茶叶以保持茶叶的品质？

____

____

____

3. 查阅资料，收集一下古人用了哪些方法来储藏茶叶？

____

____

____

第四节　茶的其他用途

一般人喝完茶都会把茶渣倒掉，其实茶渣中含有丰富的膳食纤维和无机物，以及不溶于水的蛋白质、脂溶性维生素等，这些物质都没有被利用。下面告诉你几个少为人知的茶叶、茶水、茶渣妙用知识。大家快来看看吧！

茶叶的其他用途

1. 各种形状的茶香盒，可以放在不同的场所：书房、客厅、洗手间、浴室，既美观，又能使空气清馨，真是两全其美呀！

2. 茶枕可提神醒脑，又可帮助治疗颈椎病、睡眠不安，健康又时尚。

3. 茶制鞋垫可吸潮、除臭，功效可大了！

4. 茶字茶画，可挂客厅书房，既美化房间，又赏心悦目。

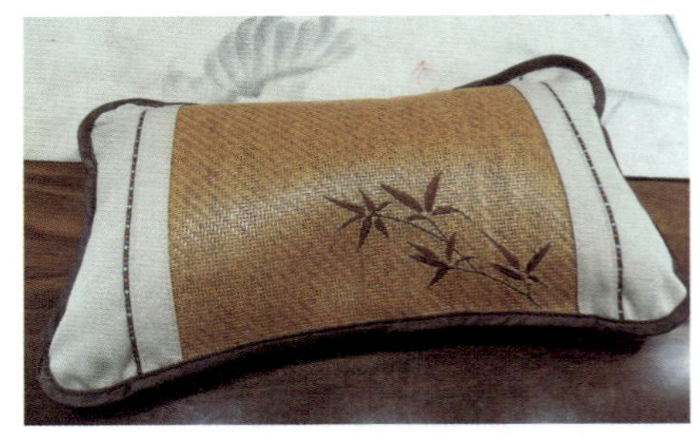

茶枕

茶字茶画

茶制鞋垫

茶水妙用

泡个美肌茶浴。绿茶能深层清洁肌肤，具有柔软角质层，使肌肤细嫩美白的功效。

消除眼睛疲劳。当眼睛疲劳时，闭上眼睛，用棉花蘸上冷茶水清洗一下眼睛，几分钟后，喷上冷水，再拍干，这样有利于消除眼睛疲劳。

茶水除去腥味。洗鱼、虾或吃螃蟹后，手上会有一股腥味，可用喝剩的茶水或茶渣洗手，将腥味洗掉。

茶水洗涤衣物。衣物被鸡蛋污染不易洗净，这时用茶水浸泡一会儿，污渍就可被洗去。

茶水可以美发。用茶水洗头，可以去除垢腻，使头发乌黑柔软、光泽亮丽，百分之百天然滋养。

茶渣妙用

茶渣去除油腻。在清洗锅、碗、瓢、盆或竹木桌椅时，在清洗布上抹上茶渣，不但便于擦洗，使之更为光洁，而且留有茶的余香。

茶渣治疗脚气。患脚气的人，每晚用茶渣熬水来洗脚，日久便会治愈。

茶渣吸附异味。将喝剩下的茶渣晒干后装入纱布袋里，放在冰箱内、厨房里、厕所里、衣柜里、鞋柜里等地方，可以吸附各种异味。

茶渣作画步骤如下：

1. 准备材料：茶渣、白纸、剪刀、胶水。

2. 茶渣静置在阳光下，直至晒干。用剪刀将干茶渣修剪成需要的形态。

3. 在白纸上描出事先想好要画的东西的轮廓。

4. 涂胶水。为了能将茶渣固定，需要在事先描绘的轮廓中涂满胶水。

5. 将晒干的茶渣按照颜色的深浅粘贴在涂满胶水地方。贴好后，待胶水风干，就大功告成了！

了解到茶叶、茶渣有这么多的用处，平时我们可不能随意浪费哟！赶快加入茶艺小组，自己动手做几件茶制小物件，送给爸爸、妈妈、同学、邻居，收到礼物的人一定会快乐的。

可别忘了先做准备哟！

茶制小物件赠送表

物件名称	赠送对象	赠送原因	准备材料

第五章

茶史探秘

生活中的茶是那样的多姿多彩，鲜灵可爱。同学们，你们想知道茶是怎么样被发现的吗？让我们穿越时光隧道，追溯历史，一起去发现茶、传播茶，再与茶界名人一起品茶、论茶吧。

第一节 走进茶天地

知识苑

茶树

茶树，是一种灌木或小乔木，嫩枝无毛。叶呈长圆形或椭圆形，边缘有锯齿。野生茶树在我国长江以南各省的山区普遍存在，茶树被各地广泛栽培种植。茶是一种由茶树的叶或芽制作的饮品，茶叶含有多种有益成分，并有保健功效。生活中，茶多泛指可用于泡茶的茶树的叶子，以及用这些叶子泡制的饮品，后来扩展延伸为所有用植物的花、叶、种子、根泡制的草本茶，如菊花茶、苦荞茶等。

茶树

茶叶

茶树的发现与茶叶传播

茶树的起源。关于茶树的起源，争论较多。目前考证形成的共识：中国是茶树的原产地，并确认中国西南地区，如云南、贵州、四川等山区是茶树原产地的中心。随着栽培技术的成熟，受文化影响，茶树种植推向全国，并逐渐传播至世界各地。

茶的发现。学界观点普遍认为：茶发于神农，闻于鲁周公，兴于唐朝，盛于宋代，普及于明清之时。根据陆羽《茶经》记载："茶之为饮，发乎神农氏。"中国饮茶起源于神农的说法广为流传。有人认为神农在野外以釜锅煮水时，刚好有几片叶子飘进锅中，煮好的水其色微黄，喝入口中生津止渴、提神醒脑。神农以过去尝百草的经验，判断它是一种药，这是有关中国饮茶起源最普遍的说法。另传说神农氏有一个水晶肚，吃下去的东西都能看得见。在尝试吃野草的过程中，神农氏不幸中毒，为了解毒又吃了很多其他植物，结果发现有一株植物可以解毒，这种植物就是茶树。

神农氏雕像

古代茶叶的发展历程。商末周初，巴蜀人已开始饮茶。武王伐纣时，茶叶已作为贡品。战国时，茶叶产业已有一定规模。汉朝，茶叶已成为佛教“坐禅”的专用滋补品。魏晋南北朝时，已有饮茶之风 。隋朝时，全民普遍饮茶。唐朝时，茶业昌盛，茶叶成为“人家不可一日无”，出现在茶馆、茶宴、茶会，提倡客来敬茶；文成公主出嫁，带着茶叶远赴西藏，开启了西藏饮茶的历史。宋朝时流行斗茶、贡茶和赐茶等。清朝，曲艺进入茶馆。

古时候，茶农、茶商和文人为茶叶的流传做出了巨大的贡献，是他们踏出了一条厚重的茶叶之路。今天，茶叶成了世界上三大无酒精饮料之一，饮茶代表了一种时尚、健康的生活方式。

我国茶的发展历程简表

时 期	有关事迹（或记载）
原始社会	传说“神农尝百草，日遇七十二毒，得荼而解之”，是人类利用茶叶之始。（出自《神农本草经》）
春秋战国后期及西汉初年	江南初次饮茶的记录始于三国，在《三国志·韦曜传》中，曾叙述孙皓以茶代酒迎客的故事。
秦汉时期	四川产茶已初具规模，制茶方面也有改进，茶叶具有色、香、味俱全的特色，并被用于多种用途，如药用、丧用、祭祀用、食用，或为上层社会的奢侈品；像武阳那样的茶叶集散市场已经形成了。
两晋南北朝	宋山谦之所著的《吴兴记》中，载有浙江乌程县（即今吴兴区）西二十里温山所产之茶，专做进贡使用。
唐	修文息武，重视农作，促进了茶叶生产的发展。由于国内太平，随着农业、手工业生产的发展，茶叶的生产和贸易也迅速兴盛起来了，成为我国茶文化历史上的第一个高峰。
元	用机械来制茶叶，据王祯记载，当时有些地区采用了水转连磨，即利用水力带动茶磨和碓具碎茶。
明	至明朝，制茶叶一般都改为炒青，少数地方采用了晒青，并开始注意到保持茶叶的外形美观，把茶揉成条索，所以后来一般饮茶就不再煎煮，而逐渐改为泡茶了。由明代后期开始至清代，中国六大茶类基本形成。

拓展训练

同学们，我们是新时代文化的传播者，你有哪些更好的方式把中国的茶文化传播到世界各地，让更多的人认识和了解中国优秀传统文化呢？让我们分小组讨论讨论吧！

小明：在中国茶叶网或者有关茶叶的论坛上，多介绍一下中国茶叶的新品种。

小红：____

____

小月：可以约上几位对茶文化感兴趣的朋友去名茶产地看看、了解了解。

小军：____

____

小林：举办一场泡茶比赛，赛一赛。

小朱：____

____

第二节　茶史名人

茶，无论是在古代还是现代，都受到许多人的热爱，还有许多热爱茶的名人，为茶文化、茶发展做出了巨大的贡献，留下了许多宝贵的茶文化知识，下面我们一起去认识认识吧！

知识苑

茶史名人

吴理真雕像

古来种茶第一人——吴理真。吴理真，西汉严道（四川省雅安市名山县）人，号甘露道人。吴理真被认为是中国乃至世界有明确文字记载的最早的种茶人，被称为蒙顶山茶祖、茶道大师。宋孝宗在淳熙十三年（1186 年）封吴理真为“甘露普惠妙济大师”，并把他手植七株仙的地方封为“皇茶园”。因此，吴理真也被后人尊为“植茶始祖”“甘露大师”。后人追思其功德，将其奉为“茶神”。吴理真蒙顶种茶，至今尚存有蒙泉井、皇茶园、甘露石室等文物古迹。

古来写茶第一人——陆羽。陆羽（733—804），复州竟陵（今湖北省天门市）人。陆羽一生嗜茶，精于茶道，创造了一套茶学、茶艺、茶道思想。在中国茶文化史上，以著世界第一部茶叶专著《茶经》闻名于世。著述是唐代及以前有关茶叶的科学知识和实践经验的系统总结，茶家采制经验的结晶。陆羽对中国茶业和世界茶业的发展做出卓越贡献，被誉为“茶仙”，尊为“茶圣”，祀为“茶神”。他也很善于写诗，但其诗作目前世上存留的并不多。他对茶叶有浓厚的兴趣，长期实施调查研究，熟悉茶树栽培、育种及茶叶加工技术。

朱元璋画像

倡导散茶第一人——明太祖。明代是茶叶生产的大发展时期，也是制茶的改革期，其推动者为明太祖朱元璋。1391 年，朱元璋颁布茶诏："罢造龙团，唯散茶是贡。"从那以后，茶叶的制作从团茶发展成散茶（芽茶）。饮茶也由复杂的烹煮饮用发展到简单实用的冲泡饮用，品茶在日常生活中也变得较为常见，没有那么多的讲究，让普天下的百姓都能享受到饮茶的乐趣，此习俗一直沿用至今。所以说，朱元璋对中国饮茶的发展起了极其重要的作用。

吴觉农肖像

当代兴茶第一人——吴觉农。吴觉农（1897—1989），浙江省上虞区丰惠镇人，原名荣堂，是中国知名的爱国民主人士和社会活动家，著名农学家、农业经济学家，现代茶叶事业复兴和发展的奠基人，被誉为当代"茶圣"。因立志要献身农业(茶业)，故改名觉农。"觉"乃佛家所说的"自觉悟"是也。他从小对茶感兴趣，立志要革新中国茶业。1919 年，吴觉农赴日本留学，专攻茶学，学成回国后，从事茶叶专业工作。其与他人合作出版了《中国茶业复兴计划》和《中国茶业问题》两本茶学名著，发表了一批有关茶叶生产与对外贸易的重要论文。20 世纪 40 年代，结合中国茶业实际，他提出了茶叶统购统销政策，最后形成了适合新中国成立初期计划经济体制需要的比较系统的吴觉农茶学思想，晚年撰写的具有重要学术价值的著作《茶经述评》，被誉为"20 世纪的新茶经"，在茶学发展史上具有里程碑意义。

名茶的传说

铁观音的传说。铁观音产于中国重点产茶县——福建省安溪县的西坪镇，至今已有 200 多年的历史。铁观音的由来源自一个故事。相传，清乾隆年间，安溪西坪上尧茶农魏饮有一手制茶好手艺，他每日泡茶三杯供奉观音菩萨，十年从未间断。一天夜里，魏饮梦见在山崖上有一株散发兰花香味的茶树，正准备采摘之时，一阵狗叫声把他从梦中惊醒。第二天，他寻梦而去梦境里出现的那个地方，果然在崖上发现了一株与梦中一模一样的茶树。于是他从茶树上采下一些芽叶，带回家中，精心制作，制成的茶

铁观音

味甘醇鲜爽。魏饮把这株茶树挖回家进行栽培，若干年后，茶树枝叶茂盛，所产茶叶七泡有余香，是乌龙茶的极品。因为此茶美如观音重如铁，加之又是观音托梦所得，就称为“铁观音”。铁观音的品质特征是：茶条卷曲，肥壮圆结，沉重匀整，色泽砂绿，整体形状似蜻蜓头、螺旋体、青蛙腿。铁观音冲泡后汤色多浓艳似琥珀，有天然馥郁的兰花香，滋味醇厚甘鲜，回甘悠久。

碧螺春

碧螺春的传说。碧螺春产自江苏省苏州市吴县太湖的东洞庭山及西洞庭山一带，至今已有1000多年历史。因为此茶产于春季，制成的茶叶条索紧结、白毫显露、色泽银绿、翠碧诱人，形状卷曲成螺，故名“碧螺春”。碧螺春的来历源自一个传说。过去，西洞庭山上有一位名叫碧螺的姑娘，东洞庭山上有一位名叫阿祥的小伙子，他们二人深深相爱着。有一年，太湖中出现一条恶龙，要霸占碧螺姑娘，阿祥决心与恶龙决一死战。一天晚上，阿祥拿起渔叉，潜到西洞庭山与恶龙搏斗，阿祥受伤严重，碧螺姑娘亲自照料阿祥，可是阿祥的伤势日渐恶化。一天，姑娘为了寻找草药来到了阿祥与恶龙搏斗的地方，发现一棵小茶树长得特别好，就把这棵茶树带回家精心培育，在清明节前后，小茶树长出了嫩绿的芽叶，碧螺将其采摘回家泡给阿祥喝。阿祥喝了这茶，病情好转痊愈了。可是由于操劳过度，碧螺倒在阿祥怀里，离开了人世。阿祥悲痛欲绝，就把姑娘埋在茶树旁。人们为了纪念碧螺姑娘，就把这种茶叶取名为“碧螺春”。

饮茶趣事

饮茶历史太悠久了，同学们一定觉得很有意思吧，你知道吗，每个朝代都有很多有趣的饮茶故事呢。

如宋朝的“斗茶故事”。“斗茶”也称“茗战”，就是比赛茶叶与点茶技艺的高下。斗茶前先要将茶末碾碎过筛，茶末越细越好，这样入水后才能漂浮起来，也容易产生汤花并聚集起来，从而“尽茶之色”。斗茶的过程分为四步，第一步为熁盏，即预热

斗茶

杯盏。第二步为调膏，即往盏中挑入一定量的茶末，注入少量沸水，调和成浓稠膏状。第三步为点茶，也是斗茶过程中最重要的一环，即往盏中注入沸水。注水时，要求水自壶嘴中涌出呈柱状，注时连续，一收即止。最后一步为击拂，就是用一种类似小扫帚的茶筅搅动茶汤，使之泛起汤花。

还有一个广为流传的关于茶谜的故事，讲的是明朝“四大才子”唐伯虎与祝枝山喝茶逗乐。一天，祝枝山来到了唐伯虎的书斋，要和唐伯虎品茶猜谜。唐伯虎笑着说：“我这里正巧有四个字谜，你要是能猜得出来，我便将好茶奉上！”祝枝山满口答应，便让唐伯虎说出字谜。“谜面：言对青山青又青，两人土上说原因，三人牵牛缺只角，草木之中有一人。”只见祝枝山沉思片刻，便径直走到椅子前坐下，得意地敲了敲桌子，说：“倒茶来！倒茶来！”唐伯虎此时知道他猜中了，示意家僮上茶。原来这四个字谜正是“请，坐，奉，茶”。

还有汉朝的“王褒买奴”，因为一个敢于顶撞主人的男仆，汉代大文学家王褒便信笔写下了一篇长约六百字、题为《僮约》的契约，这篇美文因为极幽默而广受推崇。再有三国时期吴国“吴王赐茶代酒”的故事。吴王孙皓每次大宴群臣，座上客至少得饮酒七升。有位叫韦曜的大臣博学多才，深得孙皓的赏识，可是不胜酒力，酒量不过两升。孙皓担心他出洋相，就暗中赐给他茶来代替酒。“以茶代酒”的典故直到今天仍被人们广为应用，是一大方之举、文雅之事。

拓展训练

同学们，请把你看过的、听到过的与茶有关的趣闻趣事讲给大家听听吧！

____

____

____

____

____

____

第六章

茶艺基础

客来敬茶，这是中国的传统礼节。

饮茶离不开泡茶，俗话说“好马配好鞍”，好器沏好茶。泡茶要有好茶、好水、好茶具、好的冲泡姿态和好的冲泡技艺，这样才能有好的效果。

让我们一起来学习如何正确地泡茶，寻找和体味其中的乐趣吧。

第一节　冲泡前的准备

客来敬茶，饮茶离不开泡茶。所以，冲泡用具、水、手法、姿态都是很有讲究的，马虎不得。首先让我们走进茶具馆看一看形形色色的茶具吧！

茶具简介

茶具盛放的器皿茶盘　垫杯用的茶巾　盛放茶具的茶盘

盛放茶叶的茶罐　拨取茶叶的茶道组合件　盛放废弃用水的水盂

紫砂茶杯　陶瓷茶杯　玻璃茶杯

茶具摆放

电热紫砂随手泡茶具

分体式茶壶

泡茶用水

“水如茶之母”，茶借水而发，无水不可论茶。饮茶时，茶叶中各种物质的特性，都是通过水来体现的。茶与水相遇，演绎生命的精彩，释放生命的本色，让你体味生命的原味。元代李德载云“扬子江中水，蒙山顶上茶”，茶对水质的要求极高，不同的水，泡出来的茶大不相同。唐代陆羽在《茶经》中讲：“山水上，江水中，井水下。”所指“山水”即为山泉水。古人对水质的要求，可概括为五个字，即“源、活、甘、清、轻”，“源”指水的来源好，“活”指活水，“甘”指水回味甘甜，“清”指水清澈见底，“轻”指水的质量比较轻。

研究表明，最适合泡茶的水是弱碱性天然冷泉水、矿物质水、雨水、雪水、江河湖水等软水，用软水泡茶不会失去茶本来的香气，而且可保留住茶中多种营养物质。现代生活中常用的纯净水或矿泉水等也是一种非常适用于试茶泡茶的水。泡茶时水温很讲究，绿茶忌即开滚烫水冲泡，以 85 摄氏度为宜，乌龙茶则为 95 摄氏度，普洱茶则需 100 摄氏度水煮茶。

让我们一起来认识一下以下几种常见的水吧！

山泉水

井水

纯净水

拓展训练

1. 查一查。同学们，课后查一查茶具的图片，请你拼装一套较为实用的茶具，看看谁拼装的茶具套件整体效果最好。

2. 小实验。同样的茶叶，分别选用纯净水、矿泉水以及静置 24 小时的自来水冲泡，品一品，并说说口感有什么区别。

不同水质冲泡的对照表
（选用茶叶：猫山鹰舌芽）

	纯净水	矿泉水	自来水
茶汤透明度			
口 感			

3. 动脑筋。古人泡茶喜欢用自然界的雨水，甚至花瓣上的露水和雪水、泉水、井水，在现实生活中我们能否也用大自然中的水泡茶呢？为什么？

第二节　冲泡流程

知识苑

中国敬客斟茶礼仪

中国是文明古国，礼仪之邦，敬客斟茶经过了历史的传承，形成了一套程式化的礼节。泡制茶讲究茶叶的质量和泡茶的艺术，茶艺综合体现了主人的修养和内涵品位。

中国茶艺基本程式

备具烫壶：准备好茶具，将沸水冲入壶中至满。

倒水留温：将壶内的水倒去，茶壶保留着一定的温度。

见壶置茶：将一茶漏斗放在壶口处，然后用茶匙拨茶入壶。这是比较讲究的置茶方式。

清龙注水：将泡茶用水注入壶中，至泡沫溢出壶口。

起壶出汤：用茶壶轮流给各杯倒茶，使茶汤均匀。

敬客奉茶：自由取饮，或由主人、专人奉上。

去渣洗杯：用渣匙将壶中茶渣清出，需饮时从头再来。饮毕，客离洗壶，以备再用。

茶的冲泡手法

喝上一杯好茶，冲泡技艺非常关键。要使一杯茶的色、香、味、形充分发挥出来，那可得掌握科学的冲泡方法。玻璃杯冲泡法、盖碗冲泡法、紫砂壶冲泡法比较常见，回旋斟水、凤凰三点头是冲泡时最基本的手法。

回旋斟水法：

向茶杯中注入适当温度的开水，注水量以占茶杯容量的 1/5 至 1/4 杯为宜，然后放下水壶，提杯向逆时方向转动数圈。让干茶充分吸水膨胀舒展，有利于茶叶内的物质浸出，润茶时间一般控制在 1 分钟以内。

单手逆时针回旋冲入杯中

双手逆时针回旋冲入杯水

凤凰三点头：执壶冲泡，单手或双手提壶均可，水壶合着节拍三起三落，由低斟到高冲反复三次，状胜凤凰三点头，高冲低斟缓缓加水至杯中七分满，意为向嘉宾三鞠躬行礼，以表敬意。

凤凰三点头（低斟）

凤凰三点头（高冲）

投茶与水温

茶与水的比例：一般掌握在 1∶50，也就是说 1 克茶叶用 50 毫升水冲泡。我们一般投置 3 克茶叶（铺满杯底），冲泡至七八分满。冲泡水温依据茶叶而定。芽嫩纤细的茶叶，水温 80 摄氏度 ~ 90 摄氏度；粗老的茶叶，水温 90 摄氏度 ~ 95 摄氏度。

冲泡姿态

我国自古就被称为礼仪之邦，以茶待客历来是中国人日常社交与家庭生活中普遍的往来礼仪之一。学习茶艺也是学习礼仪，所以得先学习正确的冲泡姿态。坐要正、立要直、行要稳，冲泡时动作要轻灵、连绵、圆合、优雅。

走姿　站姿　坐姿　坐姿（侧面）

鞠躬　端茶盘　亮相

拿杯　拿壶　拿盖碗

练习冲泡的手法和姿态是一件快乐的事情，只要持之以恒，你一定会成为“冲泡小能手”。

玻璃杯冲泡技法

玻璃杯吸热快，散热也快，很适合冲泡绿茶、白茶、花茶等一些形美芽嫩的茶叶。无色透明玻璃杯便于欣赏茶叶形态、茶汤的颜色，更令人赏心悦目。

选用茶叶：猫山鹰舌芽

冲泡步骤：烫杯→置茶→冲泡→奉茶（用 90 摄氏度左右的水）

配乐音带：《春江花月夜》

第一步——烫杯：置水至杯容量 1/3 →从左至右暖杯洁具→倒掉烫杯水。

烫杯

第二步——置茶、冲泡：放入茶叶 2 ~ 3 克，铺满杯底→润茶 1 分钟→用凤凰三点头手法注水至七分满。

置茶、冲泡

第三步——奉茶：将茶端至客人面前→伸出右手以示“请用茶”。

奉茶

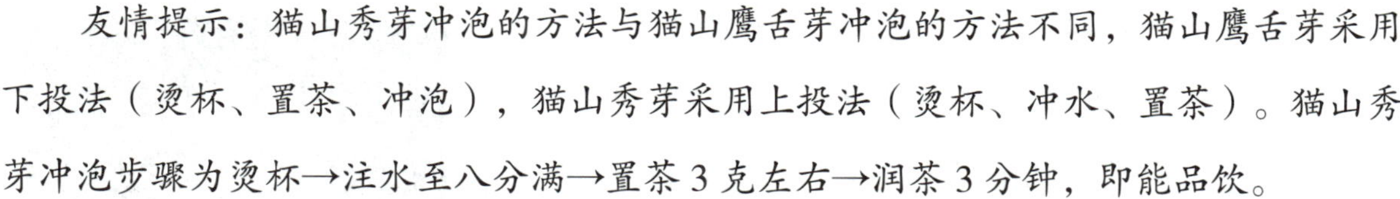

友情提示：猫山秀芽冲泡的方法与猫山鹰舌芽冲泡的方法不同，猫山鹰舌芽采用下投法（烫杯、置茶、冲泡），猫山秀芽采用上投法（烫杯、冲水、置茶）。猫山秀芽冲泡步骤为烫杯→注水至八分满→置茶 3 克左右→润茶 3 分钟，即能品饮。

盖碗冲泡技法

盖碗是一种上有盖、中有碗、下有托的茶具，瓷质盖碗质地细腻、光洁，保湿性能比玻璃杯好，适宜冲泡花茶、黄山毛峰等。

选用茶叶：茉莉花茶

冲泡步骤：烫杯→置茶→浸润→冲泡→加盖闷茶→品茶（用 95 摄氏度左右的水）

配乐音带：《茉莉花》

第一步——烫杯： 烫杯时，注入沸水至杯容量的 1/3 →左手拿茶针，右手翻杯盖→右手持碗，左手拿杯托，用回旋斟水法烫。

烫杯

第二步——置茶、浸润、冲泡： 杯内放茶叶约 3 克→用回旋斟水法冲入杯容量 1/4 的水→用凤凰三点头冲泡，冲入杯中七分满。

置茶

浸润

冲泡

第三步——闷茶：加盖浸泡 2 分钟。

闷茶

第四步——品茶：女生左手托盘，右手持盖细品啜；男生右手拇指和中指夹住杯沿，食指按住杯盖，细细品啜。（学生的品茶姿态可随意一些，要注意安全，小心烫伤）

女生品茶

男生品茶

友情提示：最佳茶汤，通常一杯盖碗茶可品饮三次。第一次冲泡时，茶叶的可溶物质能浸出 50% ~ 55%，第二次再浸出 30%，第三次再浸出 10%。

紫砂壶冲泡技法

紫砂是一种多孔性材质，气孔微细，密度高。用紫砂壶沏茶，不失原味，且香不涣散，适宜冲泡红茶、乌龙茶、黑茶。

选用茶叶：猫山瓮红

冲泡步骤：烫壶→置茶→冲泡→烫杯→分茶→奉茶→品茶

配乐音带：《渔舟唱晚》

第一步——烫壶：香汤清杯，用 100 摄氏度沸水洗净茶具。

香汤清杯

第二步——置茶：瓮红入宫，茶量约占茶具容量的 1/2。

瓮红入宫

第三步——冲泡：洗茶留香，用沸水冲入茶壶洗茶，将洗茶水倒入小杯中→刮沫，沸水冲入壶中，用壶盖刮去漂浮泡沫。

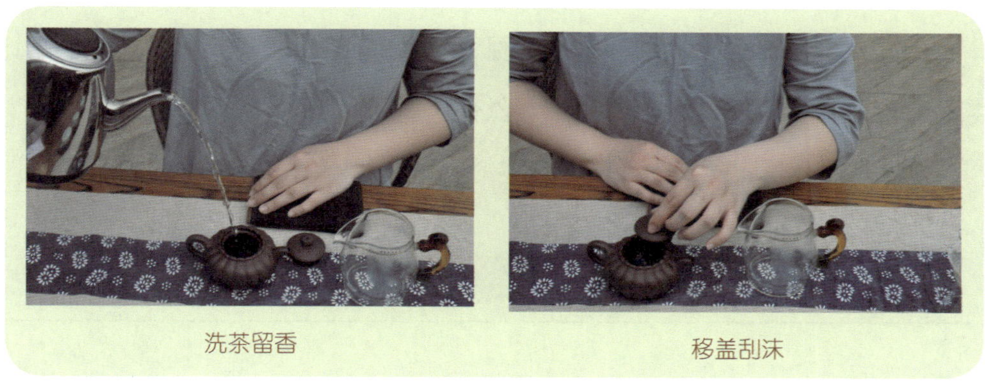
洗茶留香　　移盖刮沫

第四步——烫杯：内外夹攻，用沸水淋壶，提高壶内的温度→狮子滚球，烫杯，升温、洁具→游山玩水，去掉壶底积水，准备分茶。

内外夹攻　　狮子滚球　　游山玩水

第五步——分茶：均匀地将茶汤分到每个杯中。

关公巡城　　韩信点兵

第六步——奉茶：将茶杯端至客人面前，伸出右手以示“请用茶”。

第七步——品茶：右手持杯细细品啜。

拓展训练

1. 我们已经学会了用玻璃杯、盖碗、紫砂壶冲泡茶的方法，你能找出它们的共同点和不同点吗？想一想，为什么有这些不同？

共同点：______________________________

____

____

不同点：______________________________

____

____

2. 古人说“具为茶之父”。请你查阅相关资料，为以下这些茶叶选择合适的茶具，再选择一种拿手的冲泡方法与同学进行冲泡比赛，相信你就是擂主！

茶叶	茶具
君山银针	玻璃杯
黄山毛峰	紫砂壶
茉莉绣球	盖碗
炒青	
冻顶乌龙	

第三节　学做茶饮料

现在，我们可以运用已经学会的各种冲泡方法，调制出一杯色彩鲜艳、滋味可口的茶饮料。

茶饮料的制作技法

菊花水果茶：

主料：干菊花 10 朵，枸杞 10 粒或者大枣数粒，雪梨 1 个。

辅料：冰糖适量，开水适量。

做法：

1. 将梨洗干净，切成小块，准备好菊花、枸杞或大枣、冰糖。
2. 把梨块放入茶壶中，再加入菊花，枸杞或大枣、冰糖。
3. 冲入热开水用勺子搅拌一下。
4. 盖上盖子，闷 5 ~ 10 分钟即可。

功效：清热、保肝助消化。

金橘柠檬茶：

主料：金橘、柠檬、果糖适量。

做法：

1. 金橘 5 颗榨汁，3 颗用刀分别划 5 ~ 6 道口子。
2. 柠檬榨汁。
3. 杯中放入金橘汁、柠檬汁、果糖，冲入 1/4 杯开水拌匀，再放入冰块、金橘搅拌均匀即可。

功效：具有抗炎、祛痰、抗溃疡、助消食、降血压、增强心脏功能和理气止咳等功效。

红枣桂圆茶：

主料：红枣、桂圆、枸杞、当归、鸡蛋、红糖。

做法：

1. 除了红糖以外，所有材料洗干净放入煲里小火慢炖，大约30分钟后，加入红糖一起炖。

2. 再炖10～20分钟，材料都出味了就可以了，吃的时候连汤连渣都吃掉。

功效：补血养颜。

柠檬茶：柠檬茶是一种以柠檬果片或加茶叶、蜂蜜、糖等配料冲制而成的饮料。柠檬中含有多种维生素、脂肪、蛋白质、钙、磷、铁等营养成分，其中有机酸含量丰富，居各种水果之首。柠檬具有健胃、止痛等功效，是预防心血管疾病的食疗佳品。柠檬茶可渗透细胞清除体内毒素及废物，将包括铅、汞、辐射物、农药、尿酸、酒精等有害物质排出体外。柠檬茶具有生津止渴、化痰止咳、健脾、降糖消渴、巩固瘦身效果等功效。

百合花茶：百合花茶主材为百合，具有润肺、清火、安神的功效，主治咳嗽、眩晕、夜寐不安等。

金盏花茶：金盏花茶选用一大匙干燥的金盏花花瓣，加水冲泡，加盖闷约10分钟即成。金盏花茶具有发汗利尿、清湿热、降火气、养护肠胃机能、养肝明目、养颜美容、解毒消炎杀菌、促进血液循环、止痛、促进伤口愈合等功效，能缓解失眠、神经衰弱和焦虑等症。

拓展训练

1. 同学们，你们还知道哪些可以入茶的花果呢？它的功效是什么？请你把它写出来。

能入茶的花有____________，功效：________________________。

能入茶的花有____________，功效：________________________。

能入茶的花有____________，功效：________________________。

能入茶的花有____________，功效：________________________。

能入茶的花有____________，功效：________________________。

能入茶的果有________，功效：________________。
能入茶的果有________，功效：________________。
能入茶的果有________，功效：________________。
能入茶的果有________，功效：________________。
能入茶的果有________，功效：________________。

2. 请你也设计一杯可口的茶饮料吧，不要忘了拍张照片贴在方框里。

茶名：________________
主料：________________
配料：________________
杯饰：________________
____
冲泡过程：________________
____
____
____

自制茶饮料评分表

茶名	评分标准			
	色 ★★★★★ 汤色鲜艳	香 ★★★★★ 香气浓郁	味 ★★★★★ 味美甜醇	形 ★★★★★ 造型优美

评审员________

第四节　茶席设计

同学们对“茶席”一定很陌生吧，举办茶会的房间称茶室，也称本席、茶席或者只称席。其实，茶席就是泡茶、喝茶的地方。茶席包括泡茶的操作场所、客人的座席以及环境布置，茶席设计通常需确定一个主题。

知识苑

茶席设计

茶席设计步骤

1. 茶席设计需要书写文案。书写内容为：命题、主题（寓意）、器物用意、结构（布局）图示、所选茶品用意及冲泡方法、奉茶语。

2. 茶席环境设计布置。

3. 用语言讲解设计方案的内容。

4. 茶的泡、饮演示。

茶席设计案例欣赏

《彩虹茶》：小主人是个绘画爱好者，今天他请来了许多小伙伴品茶。你看，七彩的颜料，七彩的图画，七彩的彩虹糖，七彩的荧光彩色石，这不就是我们七彩的学生时代、七彩心情的象征么！

《茗茶棋韵》：围棋与茶，都是中华民族的瑰宝，小主人特邀请他的小棋友们，边下围棋边品茶，多么悠闲自在啊！

《夏海》：蓝色的珠片台布上，星星点点地撒上一些贝壳，仿佛阵阵海风拂过脸庞，和煦的阳光洒满全身，还等什么，打起背包去海边吧！

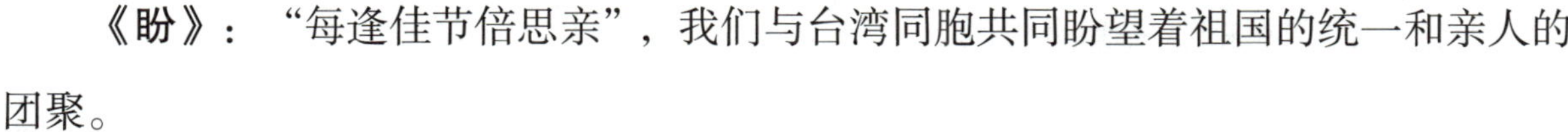

《盼》："每逢佳节倍思亲"，我们与台湾同胞共同盼望着祖国的统一和亲人的团聚。

◎黑色紫砂茶具组合。

◎花瓶上插着几枝荷花。

◎蓝色纱布帘上贴有缺月的挂画。

◎一对瓷娃娃工艺品。

◎一盘月饼作为茶点。

◎木格子门的背景。

◎印有"举头望明月，低头思故乡"文字的红布铺垫。

拓展训练

同学们，我们已经了解了茶席设计的一般方法，也欣赏了许多茶席作品，你一定已经跃跃欲试了吧！现在，请你和伙伴们一起从自然界、童话故事、学习生活、亲情友情以及已有的知识中寻找灵感、发挥想象、设计茶席吧，争取在评比中获胜啊！

茶席名：______________________________

茶　具：______________________________

插　花：______________________________

挂　画：______________________________

工艺品：______________________________

茶　点：______________________________

背　景：______________________________

铺　垫：______________________________

请把你最得意的作品展示出来吧！

茶席设计展示评比表

序号	评比项目	分数分配	茶席设计质量系数		
			A（1.0）	B（0.8）	C（0.5）
1	主题与相关环节的关系	20	合理、协调	较合理、协调	偏离主题、效果差
2	茶器具组合	20	符合命题、齐全和谐	符合命题、较齐全和谐	错误明显
3	茶叶选择与冲泡技艺	30	恰当、娴熟	恰当、不够娴熟	不恰当、冲泡顺序错误
4	礼仪修养	10	自然、优雅	较自然、优雅	不自然、做作
5	解说	20	正确、清晰、流畅	正确、较清晰、流畅	较正确、不清晰、不流畅
总分					

说明：

1. 各项目得分 = 该项目分数分配 × 茶席设计质量对应系数 [A（1.0）或 B（0.8）或 C（0.5）]；
2. 器具须符合命题；
3. 综合艺术效果应能衬托、深化茶席主题；
4. 茶叶选择应与命题相吻合，茶艺演示注重如何科学冲泡好一杯色、香、味、形俱佳的茶汤；
5. 礼仪修养体现在形象、气质和茶礼的合理运用上；
6. 解说与演示配合，内容正确，普通话标准、流畅。

_____年_____月_____日

第七章
话说茶德

中华优秀传统文化是中华民族的文化根脉，中国人民的价值观和精神世界，根植于中华优秀传统文化沃土中。中国茶文化源远流长，博大精深，是中国文化内涵与礼仪相结合的特色传统文化。茶文化包括物质文化、制度文化、行为文化、心态文化，其中蕴含着人们对美好的物质文化、行为文化、道德文化、精神文化的追求。茶有茶德，人有人品，茶道即人道。茶文化是中华优秀传统文化的宝贵资源，茶文化教育是传承优秀文化和劳动教育、审美教育的具化，更重要的是通过茶事活动教育引导学生发扬茶德，践行社会主义核心价值观，更好地构筑中国精神、中国价值、中国力量，为人民提供精神指引。

第一节　茶德的历史沿革

茶，绝非仅为满足人们生理需要的饮品，它的性质决定了对饮茶者的道德品德要求。通过参加茶事活动，修身养性、陶冶情操、参悟人生哲理，以此最终达到精神上的洗礼和人格上的提升，即“以茶利礼仁”“以茶表敬意”“以茶可行道”“以茶可雅志”。茶的美好品质应与品德美好之人相配。

茶德的起源

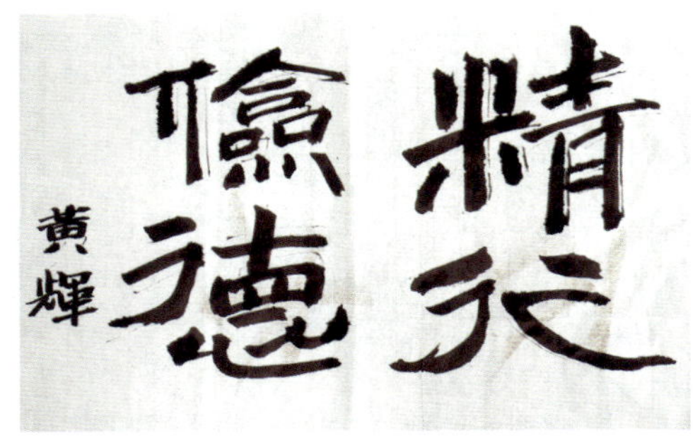

茶德书法作品

茶德是指茶自身所具备的美德。唐朝茶圣陆羽提出“精行俭德”的茶德观。“茶德”一词最早出现在晚唐宦官刘贞亮(原名俱文珍)的《茶十德》一文中，他把饮茶的好处总结为“十德”：以茶散郁(郁闷)气、以茶驱睡气、以茶养生气、以茶除病气、以茶利礼仁、以茶表敬意、以茶尝滋味、以茶养身体、以茶可行道、以茶可雅志。他首次概括了饮茶对身心、精神的多种功效，是将“茶德”作为一个完整理念推出的第一人。

人们普遍认为“茶德”至少有三层含义：一是茶为有德之物，陆羽在《茶经》中将茶称为“南方之嘉木”；二是茶人应重视品德修养，陆羽在《茶经》中提出的“精行俭德”的茶德观，是与茶人的共勉；三是茶饮创导社会公德，践行美德公德自古就是中华民族的良风美俗。

茶德的发展

茶有两种，一种是“柴米油盐酱醋茶”的茶，一种是“琴棋书画诗酒茶”的茶。

当代人普遍认为，茶有八德——康、乐、甘、香、和、清、敬、美。

康——茶能增进健康，延年益寿；乐——茶能增进快乐，如沐春风；甘——茶如甘露，甘润人生；香——百味凝春，茶香自溢；和——茶蕴太和之气，固本扶元，和而不同；清——茶语清心，心旷神怡；敬——茶本时辰草，客为座上宾；美——茶是天生尤物，能赋予美感享受。

一直以来，对茶德研究的脚步没有停息。浙江农业大学茶学专家庄晚芳教授在《茶文化浅议》一文中主张“发扬茶德，妥用茶艺，为茶人修养之道”，他提出的“廉、美、和、敬”的茶德理念，被世人广泛认同。我们要通过茶事活动，促进饮茶人完善个人品德修养。

喝茶与修身养性

古人喝茶修身养性。儒家以茶修德，道家以茶修心，佛家以茶修性。管它紫砂壶也好，瓷盖碗也罢，都是茶叶之泡具，是绿叶红绸之容器；青花盏也好，绿釉碗也罢，都是茶汤之盛器，是清苦入口之媒介。茶道：沏、赏、闻、饮。平心养气，修心修德。通过茶事活动中的礼仪、法则去塑造优雅的秩序感，并选择适合饮茶的环境去怡情修性。

今人喝茶修身修德。喝茶让我们学会交友之道。朋友不在多，而在于精。朋友相处如同茶般淡雅，在你得意时，逆耳忠言；在你失意时，排忧解难。每一次品茶，是第一次也是最后一次，不管是几人饮、是第几壶，一切终随茶香飘散，只留各自心里。

喝茶让我们学会宽容与欣赏。懂得喝茶，需要用心尊重每一款茶，懂得欣赏，茶无完茶，却可用不完美的茶来陪伴一段完美时光；人无完人，人生不尽完美，要懂得和学会欣赏自己、欣赏他人，欣赏一段不尽完美的人生。

喝茶让我们正确对待欲望。再好的茶，也有饮尽之时，我们要遏制“贪欲”，管控好个人的欲望。

喝茶让我们领悟人生。叶蕴茶香，是为修炼；遇水舍己成就茶饮，是为奉献布施；甘守清茶，是为自律清正；忍蒸炒酵，受挤压揉，是为忍辱；醒神益思，是为精进；和敬清寂，茶味一如，是为淡定。

名人咏茶

历代名人咏茶诗词精选

答族侄僧中孚赠玉泉仙人掌茶

[唐]李白

常闻玉泉山，山洞多乳窟。仙鼠如白鸦，倒悬清溪月。
茗生此中石，玉泉流不歇。根柯洒芳津，采服润肌骨。
丛老卷绿叶，枝枝相接连。曝成仙人掌，似拍洪崖肩。
举世未见之，其名定谁传。宗英乃禅伯，投赠有佳篇。
清镜烛无盐，顾惭西子妍。朝坐有馀兴，长吟播诸天。

喜园中茶生

[唐]韦应物

洁性不可污，为饮涤尘烦。此物信灵味，本自出山原。
聊因理郡馀，率尔植荒园。喜随众草长，得与幽人言。

和韦开州盛山茶岭

[唐]张籍

紫芽连白蕊，初向岭头生。自看家人摘，寻常触露行。

尝茶

[唐]刘禹锡

生拍芳丛鹰嘴芽，老郎封寄谪仙家。今宵更有湘江月，照出菲菲满碗花。

茶

[唐]元稹

茶。
香叶，嫩芽。

慕诗客，爱僧家。

碾雕白玉，罗织红纱。

铫煎黄蕊色，碗转曲尘花。

夜后邀陪明月，晨前命对朝霞。

洗尽古今人不倦，将至醉后岂堪夸。

茶诗

［五代后晋］郑遨

嫩芽香且灵，吾谓草中英。夜臼和烟捣，寒炉对雪烹。

惟忧碧粉散，常见绿花生。最是堪珍重，能令睡思清。

次韵曹辅寄壑源试焙新芽

［宋］苏轼

仙山灵草湿行云，洗遍香肌粉未匀。明月来投玉川子，清风吹破武林春。

要知冰雪心肠好，不是膏油首面新。戏作小诗君一笑，从来佳茗似佳人。

拓展训练

同学们，你们还知道哪些咏茶的名诗、名篇？试着写下来，并介绍给大家。

第二节 茶德与公民道德

中国茶文化源远流长，博大精深，积淀着中华民族深沉的精神追求，是中国文化内涵与礼仪相结合的优秀传统文化，其蕴含的思想观念、人文精神、道德规范，是中国人思想和精神的内核，是中华民族生生不息、发展壮大的丰厚滋养。传承弘扬中国传统茶文化，以茶修德、以茶启智、以茶健体、以茶促劳，是推进素质教育，促进学生德智体美劳全面发展，创新落实教育立德树人根本任务的需要，是增强文化自信、打造我国文化软实力的需要！

茶道四义

文学家王心鉴的诗歌《咏茶叶》：“千挑万选白云间，铜锅焙炒柴火煎。泥壶清香增诗趣，瓷瓯碧翠泯忧欢。老聃悟道养雅志，元亮玄谈祛俗喧。不经涅槃渡心劫，怎保本源一片鲜。”茶叶在成长过程中汲取天地之精华方得成才，成就过程中历经涅槃渡心劫，终成人间美味。茶道即人道，台湾的国学大师林荆南教授认为“茶道四义”是“美、健、性、伦”四字，即“美律、健康、养性、明伦”：

美律——治茶事，必先洁其身，而正其心，必敬必诚，才能建茶功立茶德。

健康——饮茶有益于自身和他人的健康。

养性——茶道即人道，饮品之余，修身养性，积蓄涵养。

明伦——通过茶事活动，明德修身。

中国的茶，能用来养性、联谊、示礼、传情、育德，直到陶冶情操，美化生活。因为茶的情操、茶的本性与中华民族的平凡实在、和诚相处、重情好客、勤俭育德、尊老爱幼的民族精神相符，所以，继承与发扬中国茶文化，对促进我国的精神文明建设大有裨益。

茶德观与道德观

中国传统茶文化有着上千年的历史，其文化底蕴不言而喻。茶文化是中国优秀传统文化的有机组成部分，根植于源远流长、博大精深的中华传统文化土壤中，贯穿于茶的生产、科研、经营、消费及与茶相关的文化与文艺活动的各个环节。它既与中国经典传统文化、艺术相互交融，更与中华民族千百年来的日常社会生活息息相关。中国传统茶文化历经淘炼而升华至天人合一的哲学境界，成为人们宁静清和的生活方式，精行俭德的价值追求，“廉、美、和、敬”的文化精神，是中华优秀传统文化中的一颗璀璨明珠。

茶文化滋养人的身心，涵养人的品格，丰富人的精神，启迪人的智慧，慰藉人的心灵，促进了人与自然、与社会、与自我心灵的和谐与统一。茶德是茶文化的核心，滋养了一代又一代中国人。

中国人重德，以茶修德，当代著名茶学专家庄晚芳提出“廉、美、和、敬”的茶德观，解释为：廉俭有德，美真康乐，和诚处世，敬爱为人。具体内容为：

廉——推行清廉、勤俭有德。清廉是茶文化当代核心理念的基本特征，它既是茶叶的特质，也是做人的要求，是茶与人在“道”与“德”层面的和谐统一。它涵盖了“德”“俭”“廉”“清”“正”“静”“真”等茶文化的多种内涵：是与茶叶、茶饮、茶艺相关的清气、清和、清雅，是与个人修养、品德、情操有关的清心、清静、清平，是与为人为事相关的清正、清白、清廉。

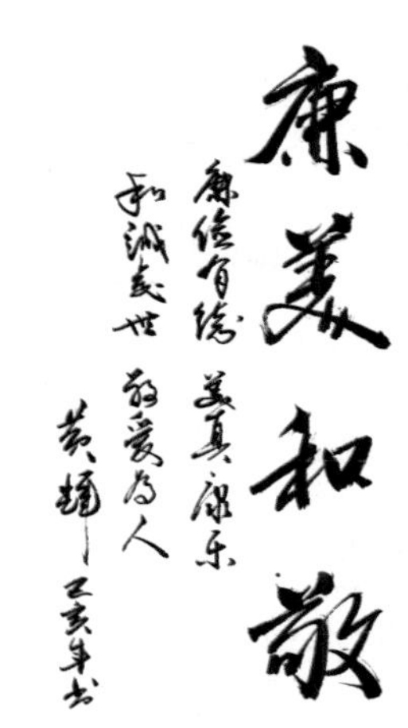

书法作品

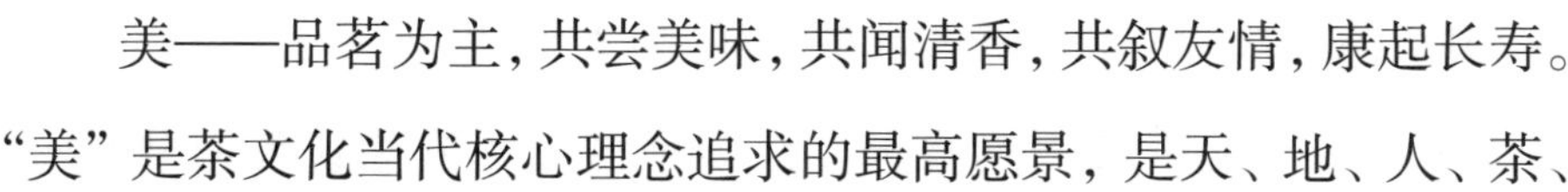

美——品茗为主，共尝美味，共闻清香，共叙友情，康起长寿。“美”是茶文化当代核心理念追求的最高愿景，是天、地、人、茶、水、情在“天人合一”哲学境界上的共同升华。“美”包含纯美茶叶和精美茶园的观赏之美、美妙茶韵的品味之美、人生圆融的大美之境。

和——德重茶礼，和诚相处。搞好人际关系，要讲和合、和谐，是基于茶文化“廉”“清”的本质和“敬”的理念之上的，人与他人、社会及其自我心灵的和谐关系。它聚合了儒、释、道三家的思想精华：儒家在茶中品出了仁，释家在茶中品出了禅，道家在茶中品出了道。故“和”字所体现的，既是茶道，更是人道和社会运行之道。“和”体现了“以和为贵”的中国思想文化的本质、人与自然的和谐关系、自我心灵的宁静和谐、社会和谐运行的内在秩序。

敬——敬人爱民，助人为乐，器净水甘。它体现的是茶之于礼的价值和人行于世的守则。“敬”涵盖了人对自然、对规律、对规则、对法度的敬畏之心，人与人之间互相敬重、互怀敬意、相敬如宾的友好关系。人应该具有的尊老爱幼的诚敬、尊敬、敬畏、敬爱之情。

中小学开展茶文化系列教育、教化活动，可以传播茶道，继承茶文化核心理念，传承和弘扬中华优秀传统文化，让孩子们从小就懂得茶礼、茶道。开展让孩子敬父母一杯清茶的活动，可以让孩子领悟“廉、美、和、敬”的“中国茶德”及其精神。以茶润德，进而领悟中国优秀传统文化的丰富哲学思想、人文精神、教化思想、道德理念等，可以为人们认识和改造世界提供有益启迪，为社会主义精神文明和道德建设提供有益启发。与时代精神相结合、与继承优秀传统文化相结合、与培育和践行社会主义核心价值观相结合，弘扬和培育当代著名茶学专家庄晚芳提出的“廉、美、和、敬”的当代茶文化核心理念，让中国茶文化的核心理念所蕴含的巨大正能量转化为我们的精神理念、价值追求和行为方式，可以更好地构筑中国精神、中国价值、中国力量，为人民提供精神指引。这对培养我们的文化自信、提升我国文化软实力、打造文化强国具有重要的现实意义和深远的影响。

拓展训练

1. 结合你亲身经历的茶事活动，谈谈你对茶德的理解。

2. 结合国家发展社会主义先进文化的要求，谈谈日常生活中你该如何弘扬茶德。

第八章

茶与文化

半盏香茗蕴天地，一壶仙泡藏佳艺。茶与戏剧、文学、插花等艺术的结合蕴含着人们对美的追求，成就众多经典，汇聚成博大精深的中华文化，使中华文化在全世界大放异彩。

第一节 茶与戏剧艺术

在我国，戏剧具有悠久的历史，从原始时代的歌舞，到宋代逐步形成戏剧艺术，明、清更为戏剧的鼎盛时期。茶与戏剧的渊源很深，在戏曲领域派生出一种以茶命名的剧种——采茶戏。所谓采茶戏，是流行于江西、湖北、安徽、福建、广东等省的一个戏曲类别，是直接由采茶歌和采茶舞脱胎发展起来的。采茶戏还与花灯戏、花鼓戏等剧目相互吸收、相互借鉴。

除了采茶戏之外，茶还渗透到其他的一些剧种，如南戏《寻亲记》第二十三出《茶坊》就是昆剧的传统剧目；中国古典传奇故事《鸣凤记》《水浒记》《玉簪记》中，有关茶的剧情在昆剧中分别被改编为《吃茶》《借茶》《茶叙》等折子戏；郭沫若创作的话剧《孔雀胆》将武夷工夫茶搬上了舞台；老舍的著名话剧《茶馆》，以茶馆的兴衰为背景，从中折射出一个时代、一个社会的兴衰历史。

过去，不仅曲艺节目大多在茶馆演出，“国剧”京剧也常出现在茶楼的舞台上，所以，有人形象地称戏剧是我国“用茶汁浇灌起来的一门艺术”，与茶相关的剧情剧目就更多了，我们去“知识苑”看看吧！

茶与戏剧艺术

采茶戏： 原名茶灯戏，俗称茶戏，后称采茶戏，是江西等省的一种传统戏剧。明末清初，广泛流传于九江县内及九江府辖各县，故名九江采茶戏。原演出时，不用弓弦乐器伴奏，而以打击乐器伴奏，乐手居台中天幕前而坐，演员在乐队前台演唱，众人后台帮腔。

京剧《沙家浜》： 剧情叙述了在抗日战争时期，中共地下党员阿庆嫂以“春来茶馆”为掩护，与敌人斗智斗勇，和沙家浜的乡亲们积极掩护18名新四军伤病员的

故事。《智斗》是京剧《沙家浜》中精彩片段，其中阿庆嫂的唱词如下：

垒起七星灶，铜壶煮三江，
摆开八仙桌，招待十六方，
来的都是客，全凭嘴一张，
相逢开口笑，过后不思量，
人一走，茶就凉，
有什么周详不周详。

话剧《茶馆》：该剧根据老舍的名著改编，是中国当代话剧艺术的经典之作。它以北京裕泰茶馆为典型环境，通过茶馆在三个不同时代的兴衰及人物的遭遇，揭露了旧中国的腐败和黑暗。《茶馆》具有强烈的写实风格，演员演得真实，剧中“茶馆”的布景、道具，甚至茶壶、茶碗都与现实生活中的几乎完全一样。《茶馆》堪称还原生活的话剧之经典。

民歌《采茶调》：茶歌、茶舞是在茶叶的生产、饮用过程中派生出来的一种茶文化艺术，采茶调是人们在采茶的劳动中，慢慢哼出来的一种传统民歌形式。《采茶调》是汉族的民歌：“手采茶叶口唱歌，一筐茶叶一筐歌……”委婉的歌声不绝于茶园，回荡在山中。

歌舞《采茶舞曲》：该曲作于1958年，音乐中融合了越剧唱腔的旋律，流畅而柔美。《采茶舞曲》歌词：“溪水清清溪水长，溪水两岸采呀么采茶忙。姐姐呀，你采茶好比凤点头。妹妹呀，采茶好比鱼跃网。一行一行又一行，摘下的青叶篓里装。千篓万篓堆成山，篓篓嫩芽放清香。”歌词的第一句赞美江南的景色及茶乡西湖的新气象，后四句表现采茶姑娘的劳动景象和兴奋、幸福的心情。姑娘们边唱边跳，不知不觉，片片鲜叶落入背篓中。这首采茶舞曲保持了传统采茶歌舞的基本风格，采用民族的五声徵调式，又有调式交替的素材，曲调欢快、跳跃，再现了采茶姑娘青春焕发的风貌。1987年，《采茶舞曲》被联合国教科文组织作为亚太地区优秀民族歌舞保存起来，并被推荐为这一地区的音乐教材。这是中国历代茶歌茶舞至今得到的最高荣誉。

部分戏剧中著名的茶事活动情节

明代著名剧作家汤显祖是位爱茶的人，一生写过许多剧本，在他的代表作《牡丹亭》里就有许多表达茶事的情节。

昆剧《鸣凤记·吃茶》一折，杨继盛趁吃茶之机，借题发挥，怒斥奸雄赵文华，可谓淋漓尽致。

现代著名剧作家田汉的《梵峨嶙与蔷薇》中也有不少煮茶、沏茶、奉茶、斟茶的场面。

拓展训练

同学们，看着剧照、歌词和采茶的场景，你是不是已经受到了茶文化艺术的熏陶呢？请你展示一下你的才华：演一演、唱一唱、跳一跳吧（有条件的可以播放音视频，边看，边听，边学）。

第二节　茶与诗词文赋

如果说茶与戏剧渊源很深，那么，茶与文学的关系就更密切了。文人墨客往往是边喝茶边创作，从茶中产生灵感，创作出经典，使茶文学的百花园万紫千红，争奇斗艳，景色绚丽。

茶文学包括：茶诗、茶联、茶谚、茶字画等。让我们一起来学习中华博大精深的茶文学吧。

走进茶文学天地

茶诗

中国最早的茶诗——是西晋文学家左思的《娇女诗》。全诗 280 言，56 句，陆羽《茶经》选摘了其中 12 句。

吾家有娇女，姣姣颇白皙。
小字为纨素，口齿自清历。
其姊字惠芳，面目粲如画。
驰骛翔园林，果下皆生摘。
贪华风雨中，倏忽数百适。
止为茶荈据，吹嘘对鼎铴。

这首诗生动地描绘了一双娇女调皮可爱的神态。小孩在园林中游玩，果子尚未成熟就被摘下来。虽有风雨，也流连花下，一会儿工夫就跑了几百圈。口渴难熬，她们只好跑回来，模仿大人，急忙对嘴吹炉火，盼望早点煮好茶水解渴。诗人词句简洁、清新，不落俗套，为茶诗开了一个好头。

最早的咏名茶诗——是李白的《答族侄僧中孚赠玉泉仙人掌茶》。

常闻玉泉山，山洞多乳窟。
仙鼠如白鸦，倒悬清溪月。
茗生此中石，玉泉流不歇。
根柯洒芳津，采服润肌骨。
丛老卷绿叶，枝枝相接连。
曝成仙人掌，似拍洪崖肩。
举世未见之，其名定谁传。
宗英乃禅伯，投赠有佳篇。
清镜烛无盐，顾惭西子妍。
朝坐有馀兴，长吟播诸天。

以茶而言，此诗详细地介绍了仙人掌茶的产地、生长环境、外形、品质和功效。他写仙人掌茶的外形、品质和功效等，绝无茶叶生产专用术语，而是以形象化的描述，并以浪漫主义的手法、夸张的笔触，描绘了此茶的生长环境等，如：“仙鼠如白鸦，倒悬清溪月”“曝成仙人掌，似拍洪崖肩”。

最有名的茶诗——是唐代诗人卢仝《走笔谢孟谏议寄新茶》，也是众多茶诗中最脍炙人口的：

一碗喉吻润，两碗破孤闷。
三碗搜枯肠，唯有文字五千卷。
四碗发轻汗，平生不平事，尽向毛孔散。
五碗肌骨清，六碗通仙灵。
七碗吃不得也，唯觉两腋习习清风生。

（节选自《走笔谢孟谏议寄新茶》）

最奇的茶诗——元稹的一首宝塔诗《一字至七字诗·茶》。

茶。

香叶，嫩芽，

慕诗客，爱僧家。

碾雕白玉，罗织红纱。

铫煎黄蕊色，碗转曲尘花。

夜后邀陪明月，晨前命对朝霞。

洗尽古今人不倦，将知醉后岂堪夸。

东都漫士的宝塔诗——《十大名茶》

茶

嘉木—客迎

不夜侯—涤烦情

陆羽撰经—徽宗论评

安溪铁观音—岳阳君山茸

信阳毛尖汤绿—武夷岩茶色橙

杭州龙井旗枪尖—苏州洞庭碧螺形

庐山云雾翠绿—六安瓜片分明

台湾产乌龙—安徽出祁红

中药不分—酒病解醒

诗为友—文为朋

春芽—植灵

茗

回文诗

回文诗就是能够回还往复，正读倒读皆成章句的诗。如：蝶恋花也花恋蝶，凰求凤兮凤求凰。再如，苏轼的《记梦》顺读为：空花落尽酒倾漾，日上山融雪涨江。红焙浅瓯新火活，龙团小辗斗晴窗。倒读为：窗晴斗辗小团龙，活火新瓯浅焙红。江涨雪融山上日，漾倾酒尽落花空。人们还创作了回味无穷的回文茶诗，如“清心也可以”这句五字回文诗，随便从哪个字读起都能成文。

茶联

茶联是以茶为题材的对联，是茶文化的一种文学艺术兼书法形式的载体。茶对联、茶店对联、茶庄对联、茶文化对联、茶楼对联、茶馆对联等都是茶联，趣味盎然的茶联常常悬挂在茶店大门两旁的柱子上，以招徕顾客。好的对联，生动贴切，雅俗共赏，引得人们交口相传，慕名前去观看，可以带动茶馆生意红火起来。

茶联

茶谚

茶谚亦称茶叶谚语，就其内容或性质来分，大致分为茶叶饮用和茶叶生产两类。茶谚用谚语的形式对茶叶饮用和生产经验进行概括或表述，采取口传心记的办法来保存和流传。茶谚不只是我国茶学或茶文化的一宗宝贵遗产，它还是我国古代劳动人民智慧的结晶。大家一起来欣赏这民间文学中的一枝娟秀的小花吧：

平地有好花，高山有好茶。

早采三天是个宝，迟采三天变成草。

壶中日月，养性延年。

苦茶久饮，可以益思。

春茶苦，夏茶涩；要好喝，秋露白。

茶文

中国许多古典名著，如《三国演义》《水浒传》《红楼梦》《聊斋志异》《老残游记》等，都有有关茶事的描写。

《红楼梦》全书一百二十回。谈及茶事的就有260多处，咏及茶的诗词、联句有十来首，涉及茶的沏泡、品饮技艺以及茶诗、茶赋及茶联等。所以有人说“一部《红

楼梦》，满纸茶叶香”，是有一定道理的。

名人与茶的趣闻轶事

苏东坡与住持

苏东坡初任杭州知州时，一日去某寺游玩，寺中住持把他作为普通来客对待，一边叫“坐”，一边吩咐小沙弥：“茶。”小沙弥便端出一碗普通茶来。稍事寒暄后，住持感到来者谈吐不凡，并非等闲之辈，便将“坐”改为“请坐”，并重叫“敬茶”，小和尚第二次奉上了一碗较好的茶。通过交谈，住持知道来人即新上任的知州苏东坡，受宠若惊，便起身高叫“请上坐”，并再次吩咐小沙弥：“敬香茶。”临别时，住持慕名求字留念。苏东坡便将刚才的亲身经历写成一副趣联：坐、请坐、请上坐；茶、敬茶、敬香茶。

乾隆皇帝与喝茶礼仪

民间有一个颇有意思的茶俗。当主人给客人倒茶续水时，客人出于礼貌，会用食指和中指轻轻敲击桌面，并口称“谢谢”。这种礼节从何而来呢？

相传，乾隆皇帝下江南，有一次他在茶馆喝茶，突然一时兴起，抓起桌上茶壶便给身边大臣倒茶。大臣们顿时惊恐万状，不知如何是好。不下跪谢恩，那是天大的罪过，但如果下跪就会暴露乾隆的身份。正当众人不知所措之时，有个大臣灵机一动，用两个手指弯成双腿下跪的姿势，在皇帝面前“跪”了几“跪”，以示谢恩。从这个故事演变出一种敬茶礼仪。

同学们，我们已经欣赏了茶的戏剧作品，品味了经典的茶文学，表演了有关茶的歌舞节目，现在就让我们通过小组合作来展示一下我们的超级才艺吧。

提示：

1. 展示的节目、形式、人数自定，自编自导自演，不做评比。
2. 以小组为单位，发挥个人特长、团队合作精神，如遇困难可请教老师。
3. 节目主持人的串词要与茶、戏剧、文学等紧密结合。

第三节　茶与插花艺术

插花艺术简称为插花，指将剪切下来的植物的枝、叶、花、果作为素材，经过一定的技术（修剪、整枝、弯曲等）和艺术（构思、造型、设色等）加工，重新配置成一件精致完美、富有诗情画意，能再现大自然美和生活美的花卉作品的艺术形式。插花艺术平凡、简单，但是它以独特的艺术感染力启发了人们的审美意识，这与茶的清醇、幽雅、质朴十分吻合。

茶艺插花基础

茶艺插花的定位：茶艺插花是一种非常简约的插花形式，它专门为人们品茶赏花而插的。所以，它追求崇尚自然、恬适简约、朴实秀雅、超凡脱俗的纯真境界，花色清淡而不浓烈，花香似有似无，回味无穷。茶艺插花既体现了茶的精神，又富含深刻的寓意。

茶艺插花的基本特征：简洁、淡雅、小巧、精致。茶席插花讲究简约精巧，鲜花不求多，只插上一两枝往往便能起到画龙点睛之用，线条、构图讲究静美和禅意。茶室插花讲究自然秀雅，强调其自然美、线条美和意境美，花材的使用更为丰富，但色彩也不可过于华丽。总之，茶艺插花鲜花不求繁多，只插一两枝便能起到画龙点睛的效果，并追求线条、构图的美和变化，以达到朴素大方、清雅绝俗的艺术效果。

茶艺插花的基础知识：插花之前，要根据茶艺主题进行艺术构思，要求立意奇巧高远，再根据立意选择花材、花器和表现形式。茶艺插花的形式一般可分为直立式、倾斜式、悬挂式和平卧式四种。茶艺插花一般选用竹、木、草编、藤编和陶瓷质地为主的花器，便于悬挂和摆放，以体现原始、自然、朴实之美。茶艺插花常选用松、竹、梅、蜡梅、银柳、桃花、南天竹、红叶、菊花、百合、荷花、紫藤等传统花材和枯枝、根材、藤条等木本花材，少选用娇嫩的草本花材和有浓重气味的花材，尽量不用纸花、绢花、塑料花，更不能用有毒花材。作品往往是一花三叶或一花五叶，强调自然美、线条美和意境美，色彩不过于华丽。无论花、叶都以单数为佳，不对称，不刻板，处处留有余地；如果花有两朵，造型一般是一开一合或一正一侧；如果是四片叶子，其中一片背面朝上，四片叶子不对称，称为“三叶半”。

茶艺插花欣赏

自然式——以枝叶为主要构架，点缀小花、麦穗、小果，展示它们的自然形态之美。绿茶形态秀美，冲泡后茶汤色泽淡雅、清香宜人，令人遐思无穷，大有回归自然之乐，与自然式插花融为一体。

婉约式——多以单数花朵为主要构架，呈现在精巧别致的花器内，显示雍容华贵之美。乌龙茶、红茶香气馥郁，与婉约式插花相配更佳。

同学们，茶艺插花很有意思吧！赶紧行动起来，小组合作设计一个茶艺插花作品，在下边的方框中将设计图画出来，这样，在插花的时候就可以照图施工了。期待你们小组呈现精彩的作品哟！

作品名称：____________　　花材：____________

花器：____________　　茶类：____________